感谢那些“折磨”我的学生

——教师如何应对问题学生

丛书主编 · 陈秋中
本册主编 · 庄传超　　副主编 · 蔡　涛

中国人民大学出版社
· 北京 ·

目录 Contents

第四章　那些抗拒作业的学生

第五章　那些在课堂上爱说爱动的学生

第六章　那些学习陷入困境的学生

丛书序言

班主任工作是一项专业性、实践性、艺术性很强的工作，具有情境性、复杂性和不可预见性。班主任的工作情境非常复杂，班级管理的对象是充满个性差异的活生生的人，班主任要对班级实施有效的管理，不仅需要自身人格的魅力，以心育心，以德育德，以人格育人格，更需要丰富的实践智慧和专业能力。在激烈变革的现实生活中，面对纷至沓来的各种新的情境、新的问题与新的挑战，每个班主任都要持续不断地做出各种专业行动的判断和决策。班主任决策是一个极其复杂的过程，为了对学生的终身发展负责，为了尽可能将问题解决的负面影响控制到最小，我们遇事绝不能凭一时冲动随意处置，也不能仅凭以往的经验简单处理。这要求我们透过复杂的问题和现象，学会“专业化地思考和决策”(教育专家周卫语)。

如果每一个新任班主任事事都要去亲历亲为，那么等到他们的经验与智慧成熟时，差不多也到了该退休的时候了。如何使青年班主任能在较短时间内成长为优秀班主任，是一项重要的使命。

《班主任之友》就是完成这项使命的一个平台。2014 年 11 月，班主任之友杂志社庆祝了她的 30 岁生日。自 1984 年创刊以来，《班主任之友》汇集了全国众多优秀班主任和班级管理理论工作者，倡导一种民主、平等、开放、多元、合作、共享的文化，对班主任工作众多领域进行了研讨，积累、开发班主任群体的实践智慧，形成了具有实用性的理论框架。从 2008 年起，《班主任之友》策划、组织专题研究，从纵深方向系统、全面地开展一个一个课题式研究，将班级管理中的小问题做成大学问。2011 年第 7、第 8 期合刊，以“班主任专业发展”为主题展开 ：从班主任专业发展的理论内涵解析，到专业化发展的个案经验示范，再到班主任专业化成长的实践路径解读，全面而系统地探讨了班主任专业发展方方面面的问题。其后，2012 年第 1、第 2 期合刊，研究、编写了“班级应急手册”，对班级工作中可能遭遇的各种紧急情况与预防、应对措施做了全方位的研究。2013 年第 1、第 2 期合刊，以“班主任与家长”为主题，研究了愈趋复杂的社会背景、家庭构成下的家校合作的模式及实践，等等。这些年来，《班主任之友》与全国一些优秀班主任反复交流，精心打磨，每一个专题都凝聚了众人的心血与智慧。专题研讨推出后一直受到广大读者的肯定和喜爱，认为它有助于班主任形成“专业化地思考和决策”。

源创图书的策划人吴法源先生看了这些合刊，希望把一些专题出版为一套丛书。为了便于读者阅读，源创图书的张万珠先生对这些专题进行了再一次编辑和加工，根据需要添加了许多内容，部分标题也做了修改，有的专题改动还比较大。

《班主任之友》丛书一共五本 ：《做一个老练的新班主任》《班主任应急手册》《做一个家长喜欢的班主任》《班主任专业成长读本》《感谢那些“折磨”我的学生——教师如何应对问题学生》。从新班主任入门到班主任专业成长，从接受来自问题学生的挑战到面对不同背景、不同个性的家长，从执行班级日常常规到处理班级突发紧急事件，每一个选题，既有教育理论工作者的研究视角，又有众多优秀一线班主任的实践体验。

《做一个老练的新班主任》是一本特别为青年班主任准备的拿“班照”的导航手册，探讨青年班主任如何少犯错误，走正道，一开始就专业地做班主任。涉及的主题有怎样才能顺利接好一个新班、怎样排座位才能大家都满意、怎样安排卫生值日最合理、怎样制定班规最有效、好的班干部是怎样炼成的、良好的班风从哪里来、怎样沟通效果才好、第一次班级讲话怎样才能成功等。

《班主任应急手册》是一本专门为班主任准备的应急指南。手册集中探讨了学生出走、意外伤害、校园暴力、班级偷窃、自伤自杀等五种突发事件类型，有针对性地提出对策和方法，并辅以生动、鲜活的案例。本书最后，我们还总结了应对班级突发事件的一般性策略，便于班主任举一反三，应对纷繁、复杂的班级管理现状。

《做一个家长喜欢的班主任》告诉我们：无论是什么样的家长，都是爱孩子的，班主任只要把握好关爱孩子这个节点，和家长无论有怎样的分歧，最后应该都能达成理解和共识。“非常”妈妈、“特别”祖父母、强势或弱势家长、“80后”家长，虽然他们中有的人教育方法不一定正确，但他们都希望自家的孩子成人、成才。只要老师真心爱孩子，真诚沟通，家校之间就没有鸿沟，有的是友谊的彩桥。

《班主任专业成长读本》在框架结构上遵循理论指导实践的原则，从班主任专业化的内涵、阶段、途径、平台、目标等方面进行阐述。班主任工作需要深入日常生活、学习的细节中去，班主任的知识是情境知识，班主任的智慧是实践智慧，班主任需要在听中学，在读中学，在看中学，在做中学，既需要实践的磨炼，又需要案例的积累。通过问题探究、现场诊断、情境体验、学习反思等方式不断加强班主任解决问题的能力，这是一个真正的学习过程，是一个提高班主任专业发展意识的过程。

《感谢那些“折磨”我的学生——教师如何应对问题学生》在详细列出问题学生的种种类型，诸如学困、早恋、网瘾、纪律涣散等类型的同时，更加重视教师对每一种类型问题学生进行转化中所应采取的具体方法、分析、步骤，以及可能出现的问题等。这些实践智慧，全部来自数十位一线优秀班主任和名师，以及教育学、心理学方面的著名学者。

30年来，班主任工作，从前十年强调“爱心与奉献”的“推动精神文明建设的重要力量”，到20世纪90年代中期开始彰显“民主与科学”的班级管理新理念和新探索在全国校园遍地开花，再到近十年来，以“自主与专业”为鲜明坐标，班主任群体职业自觉和专业发展方兴未艾、生机勃勃，始终浸润着时代的气息，越来越贴近教育的本真。班主任群体在引导和推动社会及人的发展上越来越体现出自身独特的价值；道路，也越走越宽阔。

期待本套丛书，这些对教育现场的深度诊断、科学破解，能激起班主任“专业化”自己的信心！

丛书主编 陈秋中

2014年12月

第一章
谁是问题学生

哪一个学生是最让我们老师头疼的？怎么才能知道“这一个”需要我们的“特别关注”，需要作为“问题”来研究？什么样的学生才是“问题学生”？

第一节　谁是问题学生

一、那些让人头疼的学生

我最头疼的是那些称王称霸的学生，他们在班里是大哥大、大姐大，事事喜欢参与，充当“国际警察”，常常欺负、敲诈弱小同学。（天津市蓟县下营中学　张国东）

我最头疼的是那些行为怪异，满口脏话，爱在课堂上制造怪声、出洋相的学生。（安徽省亳州市谯城区烈军属子弟小学　许保明）

那些你刚说完不能乱丢垃圾，等你一转身，他就随手将垃圾乱扔的学生，是最让我感到头疼的。（湖南省岳阳县云山乡中心学校　黎森）

我最头疼的是那些不断触犯老师的底线，而老师使尽了浑身解数也拿他没办法的学生。（浙江省宁波市鄞州区俞家小学　朱郑汇）

那些总喜欢在操场上泡着，不愿意进教室学习的学生；那些上课就趴在桌子上睡觉，下课就很精神的学生；那些晚上睡觉时偷偷在宿舍吸烟、喝酒、打牌，被发现后死不承认的学生；那些背地里聚众打架，然后装作没事人一样的学生；那些经常偷偷溜出去上网，夜不归宿的学生；那些谈恋爱谈到进行自残的学生……真让人头疼！（河北省饶阳中学　王杰英）

我最头疼的是那些对什么都无所谓，说什么都听不进去，没有生活目标，没有人生追求，无所事事的学生。（广东省佛山市三水区工业中等专业学校　王金凤）

二、如何界定问题学生

让我们头疼的学生有很多，如果每个学生我们都用全副精力将之作为课题加以研究，我们的生活和工作将不可想象。其实，我们只需要找到那一个学生，那一个挑战你的极限，扰乱班级秩序，影响整个班级的学生。那么，怎么判定呢？

你花费大量时间思考一个非常特别的孩子，或向别人述说你对这个孩子的抱怨。

你反复发现自己误解了一个孩子，并且感觉被那个孩子误解了。

你对某个孩子感到特别沮丧和无望。

你很难对一个孩子产生尊重和同情。

…………

王晓春老师认为品德、学习态度、习惯、心理等方面存在较为严重的问题，而且用常规教育手段不能解决其问题的学生，才是问题学生。

那么如何判断问题的严重程度？“非常规教育手段”有哪些？

熊华生老师认为，问题学生是指那些不适应学校生活，在学习、行为、心理等方面处于困境中，亟须得到更多关爱和帮助，却因给班级管理带来麻烦而被教育者视为有问题的学生。

这个定义指出了问题学生往往是陷入困境中的学生，他们会经常惹老师生气，甚至故意跟老师作对。这些现象的背后是儿童的心灵受过伤害。他们需要更多的关怀。

问题学生的主要特征是对学校生活不适应，其中既有学生的原因，也有学校教育的原因。

问题学生的称呼体现了管理者的视角。学生是一种存在，谁观察、从什么角度观察、观察侧重点不同，对之都会有不同的概念和名称。

第二节 转化问题学生的意义与可行性

问题学生常常成为班主任心情不快的根源，他们学业困难、习惯不好、纪律松散、精神不振，让老师无可奈何、烦恼忧虑、焦躁不安、无计可施……他们总是不断地给我们制造麻烦，影响我们的工作成效。

一、为什么要转化问题学生

（一）转化了问题学生才能让老师有职业幸福感

只要是他喜欢的，就拿到自己的书桌里，甚至带回家；放学站队没排第一，就争，甚至与同学大打出手；英语考试时，他与监考老师顶嘴，让大家考不成听力……

从四年级接班时起，他的问题每天层出不穷。他就像一颗定时炸弹，说不定什么时候就会出点儿什么状况来。每天我进班时，先会担心他会出什么乱子，他没事，我的心才会放下。学校有教研活动或开会时，我都放心不下，怕他跟人打架，怕他惹事端。他，让我的职业幸福感大打折扣。所以，我想说，转化了问题学生，才能让老师有职业幸福感。

（广东省深圳市荣根学校 欧阳利杰）

（二）转化了问题学生才能让班级工作有序进行

由于教育无力，问题学生的我行我素，很容易被其他同学模仿，进而形成群体行为；他们常常另立山头与学生干部抗衡，干扰班级工作的正常开展，在班级形成不良风气。

问题学生们因为共同的兴趣和爱好临时组成的小群体，经常会因为鸡毛蒜皮的事闹事，甚至集体斗殴。同时，学校往往成为他们聚会和活动的场所，学校的公共设施和公共财产很容易成为他们破坏的目标。不转化问题学生，正常的班级工作就开展不了。

（山东省平度市第一中学　张纪明）

（三）转化了问题学生才能让家长信赖

小芳是个“问题”孩子，让我头疼不已。课上得好好的，她会举手说：“老师，我肚子疼。”“老师，我不舒服。”“老师，我发热。”……一遇到这样的情况，我就得打电话通知家长来带她去医院。次数多了，家长以为我在推卸责任，就不接我的电话了。到后来，偶尔接通了，家长也是不耐烦地应付几句便直接挂了。

没办法，只好从孩子身上着手。坚持下来，慢慢有了效果，她出问题的次数越来越少了。

而自从我很少打电话给家长后，家长反而主动打电话过来问孩子在学校的状况了。为挂我电话的事，家长还表示了“抱歉”。

每一个孩子都是一个家庭的希望，真正地关爱问题学生，赢得的是他背后的一个家庭。

（安徽省芜湖县湾沚镇第二小学　庄华涛）

（四）转化问题学生成就一个优秀教师

李镇西老师说，“成就一个老师”有两个含义：一是让老师享受到教育的幸福，二是让老师获得教育智慧。

面对一个问题学生，无论多聪明的教育者，也无法预料明天他会给自己惹什么祸事。也正是在这个意义上，我说过：“教育，每天都充满悬念！”

这里的“悬念”，主要就是我们通常所说的“教育的难题”。期待着每一天的“悬念”，进而研究、解决不期而遇的“悬念”，并享受解开“悬念”后的喜悦，然后又期待下一个“悬念”……如此周而复始，这便是教育过程的无穷魅力。

二、问题学生转化的可行性

（一）解读问题学生的心理

心理需求理论表明，问题学生的行为背后蕴藏着成长的力量。

人本主义心理学指出，人的本性具有自我完善、自我实现的需要及潜能。即使那些在我们看来“不可救药”的个体也一样具有人类共同的积极“基因”，只要有合适的土壤，问题学生暂时被埋没的美好天性依然会开花、结果，呈现令人赞叹的美德与特质，拥有令人向往的前程。

问题行为是问题学生实现生命价值的一种变形方式。人的需要得不到满足便会造成生存困境，青少年尚不成熟，缺乏利用主客观资源解决困境的经验，所以他们很难理性地应对困境。虽然问题学生的某些行为违规、失常、混乱甚至危险，但它展示了个体顽强、坚忍、不服输的人格特质，也展示了他们不向危机低头、大胆寻求改变的决心与意志。过激行为背后往往潜藏着不愿放弃生命价值、为存在意义而尝试奋斗的巨大勇气，具有一定的积极意义。

问题行为可以为问题学生提供成长的契机。问题行为的出现虽然陷自我于困境，但同时也提早给他们提供了自我成长的机会。首先，他人对学生问题行为的态度和评价给他们提供了自我反思、自我觉醒的机会。其次，问题学生自身对问题行为的调整和领悟为自己提供了开启潜能、重塑自我的机会。与那些一帆风顺的同龄人相比，从茫然无助、痛苦挣扎到坚定信心、战胜自我的心路历程将变成他们人生中的宝贵精神财富。我们要从积极的方面解读问题行为，它是学生自我发现、自我成长的契机，是推动个人进步的积极力量。

【案例】每一朵花都有绽放的理由

七年级新生入学的学籍表放在我的眼前，在小袁的小学成绩一栏里有三个 C，评语栏里写着："这是一个难管的男生，纪律松散、打架骂人。"一般来说，如果不是特别恶劣，小学老师是很愿意帮助孩子给初中老师留下好印象的。从评语中，我看到了老师的愤怒。

后来，我了解到小袁的父亲是生意人，小学没毕业，做买卖时遇到了好机会，在小袁出生的那一年暴富。他的父亲认为是儿子的出生给自己带来了好运，于是对他一直是含在嘴里怕化了，捧在手里怕摔了。爷爷奶奶对他更是百依百顺，宠爱有加。于是，他形成了任性、不服从管教的性格。在上小学二年级时，因为上课扰乱课堂纪律，不交作业，老师严厉批评了他，并推了他一下，他回家后大哭一场。结果，他的父亲不问青红皂白，说是老师打了他的孩子，找到学校和老师打了一架，并告到校长那儿。最后，学校要求老师向家长道歉。自此，老师们都不太爱管他了。这样一来，他觉得老师们不敢管他了，也就越来越走下坡路了。对学习没有一点儿兴趣，作业不交，上课做小动作、说话，课下骂人，隔三差五打架，对任何人的管教都软硬不吃，顶撞老师成为家常便饭……

小袁真的是无药可救了吗？

表扬、激励：培养一颗向上的种子

开学了，奇怪的是，我居然没有看到一个桀骜不驯的刺儿头形象。咦？是他没来报到吗？点名时，我装作不经意地看了小袁一眼，他除了眼神里有一种戒备、有一丝惶恐外，没有更多和普通同学不一样的地方。

升入新学校是一个良好的教育契机。我对孩子们说："'过去属于死神，未来才属于你自己。'不管你们的过去是辉煌的还是失败的，你们在老师的心目中都是一张白纸，请同学们从现在开始，在这张白纸上画上最绚烂、最美丽的图画！"眼神扫过时，我看到他的眼睛一亮。

在随后两节课的开学前教育中，他尽管有小动作，但很快就能坐好。

我的心中一喜：看来，换了一个新的环境，他有想要改过的表现。

随后是开学初例行的拔草、打扫卫生，他做得特别认真，而且干活居然很有方法。在最后的总结中我表扬说：“今天，我首先认识了几个干活特卖力的同学，他们给我留下了很好的第一印象，劳动如此肯干，在学习上肯定也会特别知道努力。”我看到他先是惊讶，然后露出了不好意思的笑容。

当天的作业是要求同学们对我说几句心里话，第二天，那个小学老师评价从不交作业的他也交了上来，尽管字歪歪扭扭，但看得出态度很认真。他写道：“我小学学得不好，这是新的开始，一定好好学习，严格要求自己。很久没有听到表扬了。”

沟通、信任：打开孩子心灵的钥匙

我当然不会一厢情愿地相信，从此小袁就会按部就班地做一个好学生。这不，第一天上课他就原形毕露了。是啊，一个十二岁的孩子，尤其是一个没有形成良好行为习惯的孩子，你要求他一整天都坚持坐好，那真是太难了。对于这样的学生，要允许他犯错误，允许他反复。要相信他所说的向上的话不是撒谎，只是自制力需要提高而已。

我说要和他谈谈心，他眼睛一瞪：“我咋啦?”我笑道：“想要表扬你啊，看了你写的心里话，我觉得你很诚实。”话题由此展开。戒备心理消失后，他其实是个很健谈的孩子。他说上课听不懂，也没有耐心听下去。他说，自己小时候在班里没有几个朋友，觉得上课没意思，他没有什么表现机会，违反纪律不过是想以独特的方式引起大家的注意。他一再说：“老师，我不想再像小学时那样了。”

我摸了摸他的头，说：“我喜欢像你这样坦诚的孩子，我愿意帮助你。”

细心引导：照耀花朵的阳光

怎样才能让他对学习产生兴趣呢？有一次去他家家访，我一眼看见书橱上摆放着几艘小船模型，制作得非常精美，他的妈妈面露喜色地说：“是他自己做的。”“多么美的小制作，多么强的动手能力!”我惊叹着，“你为什么不参加学校科技小组呢!”他高兴地说：“老师，成绩不好也能参加科技小组吗?”我大声地说：“能！同学们一定会欢迎你的，因为你的手太巧了。”于是，小袁加入了科技小组。

此后，从他喜欢的科技小制作开始，我引导他慢慢地进入书的殿堂。如果一个孩子开始发现书的美好，他的学习兴趣及学习能力就会随之提高。当然，这需要一个切入点。刚开始，如果我让他看四大名著，他是不会有兴趣的。从一些科幻小故事开始，再到一些人生哲理小故事，慢慢地，他开始自己教育自己了。

同时，每当他有一点儿变化时，我就给他写纸条：“听到数学老师表扬你今天上课回答问题很正确，他说你思维活跃，努力跟上来没问题，我真高兴。”

集体教育：孕育成长的土壤

面对一个积习难改的学生，要发挥集体的力量。

在他有了想学的念头，但学习中有困难时，要发动班里学习好的学生做他的小老师；在他思想有症结时，要请他的好朋友帮他解开。

一次，他克制不住又打了架。家长知道后，气急败坏地拉着他，要他回家，说不让他上学了。我在做家长工作的同时，在班里开了一个紧急班会：“我们班是一个整体，任何一个同学都不能掉队，现在小袁遇到了人生困难，我们该怎么做?”

随后，学生们每个人给他写了一封信。

“人生犯了错误不可怕，可怕的是面对错误的态度，我们每个同学都想让你站起来，我知道你也想成为一个优秀的学生，那么努力去做吧。”

…………

第二天他来上学了，眼睛红红的：“老师，昨天我和我妈妈都哭了。”

集体的热心帮助如阳光，照亮了他的心灵，让他在面对困难时，感觉不再孤单、不再寂寞。

（河北省唐山市第七十四中学　胡兰）

【解析】理解和满足问题学生的需求

“他真的是无药可救了吗?”碰到像小袁这样“特别恶劣”还“软硬不吃”的问题学生，恐怕大多数班主任都会发出这样的叹息。庆幸的是，班主任并没有因此放弃他。而且，胡老师从他惶恐、戒备的眼神背后读到了一种期待成长、希望得到别人认同的强烈渴求。

每一个问题学生都怀有基本的自我肯定和积极向上的需要。这就像植物需要生长，太阳东升西落一样自然而然。然而，问题学生在学业、纪律、行为方面的不良表现，往往让他们在自尊和成功等方面的需求被严厉的批评甚至歧视所压抑。这使得常常感到被忽视的问题学生以自己的形式去追求自尊需求的满足，以变异的行为去求得暂时性的自我肯定。

对问题学生的一些错误行为进行深入分析，不难发现，这些行为有的是为了吸引别人的注意，有的是为了显示自己的力量，有的是对自尊的受挫进行报复，有的是为了避免失败。

认识到每个问题学生都有成功的需求，那么，要让他们获得成功，就要积极为他们创设成功的机会。比如，在看到小袁“干活很有方法”后，胡老师在班里及时夸奖他；发现小袁的动手能力很强时，胡老师推荐他进入科技小组……这些鼓励，有助于问题学生重建业已萎靡的自信，坚信自己的独特，并将自己的特长与优势发挥和扩展开来，不断辐射到其他领域中去。

当然，问题学生往往积习深重，对他们的转化绝不能一蹴而就，要为他们创设成功的机会，而更重要的是为他们的成功设定合理的节奏和分阶段的目标。

班主任和班集体的有力支持能帮助问题学生重建信念。在相当程度上，班主任在转化问题学生过程中承担的是心理矫治的工作。问题学生大多有着不正常的经历，由于一些基本的自我需要得不到满足，问题学生的自我发展是残缺不全的，他们没有形成足以支持自我发展的内在力量。这时，来自外力，尤其是来自班主任和班集体的支持就显得尤为重要。

问题学生对于别人呼应和关注自己有着强烈的需求，远甚于普通学生。因此，班主任要密切关注其行为表现并给予恰当的回应，对于良好的行为要及时给予积极的强化，对于不良的情绪反应要能够帮助其平息。一方面，教师要与他们建立起亲近、互信的关系，让他们从与教师的亲密关系中获得自豪感。另一方面，由于问题学生往往孤独感特别强烈，在班级中，他们很难成为“群体中的一员”，时常有被抛弃、被排斥的心理感受。班主任还要帮助他们融入班集体，在与同学的合作和交往之中获得同伴的支持。

（班主任之友杂志社　蔡涛）

【理论指导】满足问题学生需求的几个切入点

马斯洛的心理需求理论，可以给我们提供借鉴、指导。

第一个层次：生理的需求。第一层次是人类维持自身生存的最基本要求，包括对食物、水、睡眠和生理平衡等的需求。

如果这个层次的需求得不到满足，学生就不会去追求更高层次的需求。老师应该设法为有这样的需求的学生解决这方面的问题。

第二个层次：安全的需求。安全的需求是一个人对自己人身安全的基本要求。学生甲的家长管教方式比较粗鲁，只要甲不听话就是一顿打，这导致甲叛逆心理特别强，甚至离家出走。受家庭暴力的影响，甲的个性比较压抑，在班里，他基本不与同学交流，课堂上常常精神恍惚。教师要尽量缓和亲子矛盾，引导家长在教育孩子方面注意方法，然后才能进行下一步转化工作。

第三个层次：爱与归属的需求。学生乙对初三接班的班主任说，他没把全班同学当同学看，除了两个死党。了解情况后班主任才知道原来他是初二时插到这个班级来的。刚来时他受到班里几个同学的欺负，加上自身比较孤僻，就和班里其他同学比较疏远。久而久之，他失去了班级归属感，对什么事情都无所谓。这时，班主任首先要做的就是让班级接纳他、包容他。

第四个层次：尊重的需求。很多班主任可能会觉得有些问题学生本身就不知自爱，经常做出不光彩的事情，根本就不在乎别人对他们的看法。其实，每个学生都希望别人认可自己，尊重自己。如果教师一味对学生进行批评、贬低甚至对学生的人品完全否定，就会让学生得到尊重需求的满足变得越来越难。一旦学生觉得我不管怎么努力，老师、同学也不会认可、尊重自己，努力的动力就会消退。

第五个层次：自我实现的需求。自我实现的需求，是学生对自己人生的定位。一个远大的理想往往是很多学生前进的动力，教师可以利用一些名人的成长历程来激励问题学生对于自我实现的渴望；同时，要纠正学生不良的自我实现价值观。

（二）矫正问题学生的行为

运用行为主义强化理论，可以使转化问题学生的行为习惯成为可能。行为主义强化理论认为，无论是人还是动物，为了达到某种目的，都会采取一定的行为，当行为的结果对他或它有利时，这种行为就会重复出现。

行为主义强化理论明确指出，青少年的行为是可预测、可控制的。这就意味着，在问题学生转化过程中，只要教师能针对某种行为反应，及时向其提供相应的强化刺激，就能在相当程度上实现问题学生的转化。

行为主义强化理论在问题学生转化的运用上大致可以分为两种类型。第一种是正强化，又称积极强化。当问题学生的良性行为能从班主任和班集体那里得到表扬、奖励，问题学生体验到某种愉快、积极的情绪时，这种体验就会成为推进问题学生趋向或重复此种行为的力量。第二种是负强化，又称消极强化。当问题学生的不良行为从班主任和班集体那里得到批评和惩罚时，这种不愉快的后果就会促使学生对该行为予以否定，并自觉减少、避免这种行为发生。

1. 正强化：促使问题学生重建良好的行为习惯

【案例】奥特曼套餐

文杰是一个典型的令老师头疼的学生。他上课难以集中注意力，爱说闲话，写作业速度慢，甚至上学也会拖拖拉拉。他的脾气很倔，遇到不顺心的事，如有同学催他完成作业，他就会大哭，有时还会赖在地上不肯起来，甚至还会偷跑回家。他常常丢三落四，学习用品缺这缺那，还常把买学习用品的零钱用来买零食吃。每天放学后，他忙着和小伙伴玩游戏，要到天黑了才回家。记得有一次，因一位同学冤枉了他，他竟然举起一块砖头就砸人，这样的学生怎能不令人担忧？

我多次与他的家长接触，与他的朋友交谈，和其他老师交流，多侧面、多方位地分析他的心理。文杰的父母忙于工作，对他的学习不是太关心，家里也没人照顾他，对他纯属“放养式”；而且，他的父母不讲究教育方式，有时过于疼爱，当他与别的小朋友发生矛盾时，生怕他吃亏，从而责骂别的小孩儿，这种“火药脾气”导致多次与邻里发生矛盾。可当孩子在家里犯错时，父母又会大打出手，毫不留情。父母对他的软硬兼施已成为“老套”，收效甚微。

我对他说服、批评教育不下千次，可效果不佳。我心平气和地和他讲道理时，他也深知自己的很多“毛病”不好，可就是无法及时控制自己。文杰常常会用大哭来引起家长和老师的注意，让你去抚慰他，提高自己在他人心中的地位。

这种情形持续到一年级下半学期。一次偶然的机会，我从心理学书上看到一种“代币法”，说是可以帮助儿童形成良好的行为习惯。受此启发，我和文杰的父母商量，达成了协议。一方面，我恳切地向文杰的家长提出了要求，希望他们改变育儿观念，多看有关书籍提高自身育儿知识水平，并改变行为方式，给孩子树立“榜样”；另一方面，我给文杰配置了一份特殊的儿童套餐——“奥特曼套餐”，用以改变他的坏习惯。

事先，我找文杰谈话，肯定了他想改掉坏习惯的决心。我请他把自己想做的事、想要的东西、想实现的愿望统统说出来，然后据此给他配置了特殊的“奥特曼套餐”，同时也给他制定了享用此套餐的具体行为规则（以自制的奥特曼卡片为奖励），如下所示。

一个月内，可累计奥特曼的个数，选择不同的套餐。

A. 15 个奥特曼 = 三块巧克力

B. 20 个奥特曼 = 肯德基套餐

C. 25 个奥特曼 = 一把玩具手枪

D. 30 个奥特曼 = 一辆遥控汽车

E. 35 个奥特曼 = 外出游玩一次

我给文杰配置这特殊的“奥特曼套餐”，目的在于当孩子表现出良好行为时，不是立刻就满足他的要求（如按时到校就买玩具），而是延迟满足，需要孩子将良好行为保持一段时间或良好行为重复出现后再满足。这有益于良好习惯的形成。

随着时间的推移，文杰的兴趣和行为发生了改变，我又根据他不同时期的不同心理、不同行为，灵活调整“套餐”的具体内容，帮助他彻底改变坏习惯。

（江苏省常州市武进区湖塘桥中心小学　陈嫦云）

【评析】选择合适的正强化物

对于矫正问题行为，尤其是转化问题学生的行为，正强化具有极其重要的意义。这是因为问题学生往往无可逃避地遭遇身边人的冷眼和排斥，导致归属缺乏、自尊受损、自我价值得不到肯定。因此他们不得不启动自我防御机制，在学校、课堂、作业、考试之外去释放压力。适时对问题学生恰当的行为进行表扬和鼓励，能提高其自尊心，进而激发其不断努力和进步，并最终形成良好的行为习惯。

正强化一般有以下几种。

第一，代币性强化。代币是一种象征性强化物，筹码、小红星、盖章的卡片、特制的塑料币等都可作为代币。当学生做出我们所期待的良好行为时，教师发给数量相当的代币作为强化物，学生用代币可以兑换有实际价值的奖励物。代币奖励的优点是可使奖励的数量与学生良好行为的数量、质量相适应，代币不会像直接物质奖励那样让人产生“饱足感”，从而使强化失效。通俗点儿讲，这种强化是一种累积性、逐层性的强化。这种强化能让学生不断努力。

第二，社会性强化。社会性强化是通过人和人之间互动的形式来达成对学生的认可和肯定。当学生在同伴群体里有一种融入感，特别是感到自己是其中不差的一员时，会努力向其中的好学生看齐。

第三，活动性强化。活动性强化又称权力性强化，即给予问题学生特权性的活动。在班级中，规定一些事情只有少数人甚至个别人可以做，而不是所有人都能做，这些事做起来往往能给人与众不同的感觉，甚至让人感觉到自己与老师的关系不一般。当班干部、在国旗下讲话、组织活动，甚至给老师帮忙跑腿等都属于此类。

（班主任之友杂志社　蔡涛）

2. 负强化：矫正问题学生不良行为的有效工具

【案例】“打架大王”转化记

有一位初中班主任说，他的班里有一名爱打架的学生。这个学生成长在一个动辄用拳头说话的家庭里，耳濡目染，从幼儿园就有了“打架大王”的名声。幼儿园老师见到他就头疼，小学老师对他也无计可施。进入初中后，班主任天天听到学生报告的还是他打人的“业绩”。

这位班主任决心要改变他的状况。她专门去该生就读过的小学，向他的小学班主任了解他的个性、他的历史和家庭情况，并且仔细观察了这位打架大王的日常表现。她发现，其实他很想跟同学玩，只是不会采取正当的方式与人交往，与人打交道时习惯采用侵犯性动作，这也是惹出打架事件的主要原因。

分析之后，这位班主任设计了有针对性的处理程序。她在班里宣布：从现在起，全班同学帮助“打架大王”改变打架的坏毛病。先允许他每周打几次，超过这个次数，全班同学就不理睬他。“打架大王”打架往往是为了跟同学玩，大家不理睬他这一措施会产生较强的牵制作用。所以，为了避免出现这一令自己难受的局面，他会有意识地控制打架次数。与此同时，班主任常常请他帮着做一些事情，还与他一起边吃饭边聊天儿。这些活动给“打架大王”提供了与同学正常交往的机会，也让他感受到了尊重与自信。班主任根据他的表现逐渐减少限定的次数，从每周拉长到每两周，再拉长到每个月、每学期、每学年……到初三时，“打架大王”基本上改掉了打架的坏习惯，而且与班主任建立了深厚的感情。

（摘自《教学策略》，李晓文、王莹）

【评析】负强化转化问题行为的步骤

在相当程度上，一些问题学生不良行为习惯的养成，是因为他们的做法得到了某种“好处”。这就像我们常常在大型超市中看到的，孩子在地上撒泼打滚，身边站着一位一脸尴尬、束手无策的母亲。孩子为什么要打滚？他难道不知道地上凉、地上脏吗？当然知道。但是打滚有好处，上次打滚，妈妈满足了他的需要，给他买了他想要的玩具。所以，这次他要的东西妈妈不给买，他便重操故技，又撒泼打滚了。该怎么应对这样的孩子？心理教育专家给出的建议是：不能给的就坚决不给，怎么哭都没用。几次之后，他就会发现这招儿没用了。

负强化一般有以下几个步骤。

首先，削减问题行为背后的“好处”。班主任要分析问题行为背后当事人得到的好处，然后削减之，这是负强化理论在矫正问题学生行为中最直接也最有效的办法。回到案例中，“打架大王”为什么会一而再，再而三地打架？因为他想得到和同学交往的机会，这就是他从打架行为中得到的

“好处”。于是，班主任制定出这样的规则：先允许他每周打几次，超过这个次数，全班同学就不理睬他。“打架大王”打架是为了跟同学玩，大家不理睬他这一措施会产生有效的牵制作用，为了避免出现这一令自己难受的局面，他自然就会有意识地控制打架次数了。

其次，创设机会给予正向引导。“打架大王”爱打架不是因为喜欢暴力，而是因为不会采取正当的方式与同学交往。所以，在他因为受到“惩罚”逐渐减少打架次数的同时，班主任适时请他帮着做一些事情，和他一起吃饭聊天儿，引导他参加活动，在活动中增加他与同学交往的机会和信心，并使他自然而然地逐渐学会与他人进行正常交往的方式。

最后，小步巩固良好行为习惯。我们注意到，在转化“打架大王”初见成果后，班主任根据他的表现逐渐减少了限定的次数——“从每周拉长到每两周，再拉长到每个月、每学期、每学年”。这样的处理方式，既对问题学生的不良行为具有威慑力，又在问题学生的行为达到要求时起到了激励和强化作用。

（班主任之友杂志社　蔡涛）

第三节　写给陪伴问题学生成长的班主任

一、善待后进生

后进生，有时候我们更直接地叫“差生”。但有人说“差生”带有歧视性，好像一说“差生”就给学生贴了标签、定了性，便改称后进生。其实，后进生不也是一种标签和定性吗？语气似乎要缓和一些，但本质都一样，都是说某个或某些学生不优秀，一贯表现不好，成绩也很差。

我们与其变着花样地“发明”称呼，不如在如何善待、如何转化方面动脑筋。

苏霍姆林斯基的著作中，谈到这类学生时，用的是“难教儿童”，我看其含义也和“差生”与后进生差不多，只是他的重点放在“教师难教”上。苏霍姆林斯基的研究，不是冷静的分析，而是充满感情的投入。他身为校长，几十年不断地研究儿童，他先后为3700名左右的学生做了观察记录，他能指名道姓地说出25年中178名“最难教育的”学生的曲折成长过程。有了这样惊人的投入，苏霍姆林斯基转化“难教儿童”便卓有成效。在这一点上，教师的确要向苏霍姆林斯基学习。

你说知道教育的前提是爱，但你对后进生就是“爱不起来”，“看见他们就心烦”。你的心情我理解，但我要说，你“心烦”是因为你用成人的眼光去看他们——我认认真真地备课，你居然不认真听讲，不但不认真听，还在课堂上捣蛋；我辛辛苦苦地教你，你每次作业总是乱做，每次考试都是白卷；因为你，我每次的平均分都比同年级的其他班低，教学成绩总上不去，评优选先轮不上不说，在领导和同事面前还抬不起头来……如此越想越气，当然“心烦”。

我觉得不解决心烦的问题，就无法面对后进生，也就谈不上善待，更谈不上转化了。所以，转化后进生的前提，是教师本人先“转化”自己。“转化”自己什么呢？转化——实际上是“转变”——自己的心态，就是换一种眼光。

是的，他们听不懂课，可是他们一年四季无论寒风凛冽还是烈日炎炎，每天（当然，有时也迟到，偶尔也旷课）到学校来做一件事，就是听他们听不懂的课。想一想，这是什么概念？换成你，你能做到吗？成人听一场枯燥的报告都觉得度日如年，可这些孩子，每天都在教室里受着残酷的精神折磨——听他们根本听不懂的课，一听就是三年、六年甚至十二年！他们容易吗？

后进生长期坚持听他们听不懂的课，他们换来的是什么呢？是老师的呵斥，是同学的嘲笑，是家长的打骂——这就是我们号称“以人为本”的教育给他们的全部“馈赠”。

经常听老师们说，学生毕业之后，能够经常回来看老师的，往往是那些在学校经常被老师骂得狗血喷头的后进生。如此宽阔的胸襟，你有吗？

表面上看，他们可气又可怜，但实际上，他们可敬又可佩！

你说，你还能恨他们吗？

你也许会说：“我不恨他，但我无法转化他。”

我认为，“转化”永远是相对的。所谓“相对”，就是并不是所有的后进生都能够被转化。谁也不敢打包票说能将所有后进生全部绝对转化，因为一个人的转化需要合力，包括家庭的、社会的、学校的各种力量，还有他自己的上进心和毅力，等等。教师只能通过自己的力量尽可能影响和调动其他积极力量共同转化后进生。再者，任何一个学生被转化的程度也不是绝对等同的，有的可以转化得非常优秀，甚至出类拔萃，有的可能是成为合格的公民。我们意识到“转化”是相对的，就能够放弃一些不切实际的理想化的教育目标，减轻自己的思想负担，甚至放下不应该属于自己的负疚感。

当然，对于有责任心的教师来说，我们永远也不会因这种“相对”而放弃或哪怕一丝一毫地放松我们对这些孩子的责任与努力。无论如何，做总比不做好。

我愿意把我的一些体会给你说说，也许可以启发你的思考和实践。

关于转化后进生，我在实践中比较注意以下几点。

第一，注重感情倾斜。这当然又是“老生常谈”了，但的确至关重要。关于如何给这样的学生以爱，已经有很多人有很多论述，我想你也不会一无所知——有时候，不是我们“懂不懂”，也不是我们“会不会”的问题，只是我们“愿不愿”的问题。只要愿意，我们总能找到给后进生以爱的方式与途径的。

我想强调的是，这种爱不应该仅仅来自老师，还应来自集体。不要让某个后进生只感到是老师在爱他，而要让他感到是整个集体在爱他，班上所有的同学都没抛弃他。甚至有时教师要有意识地把自己个人对后进生的爱隐蔽起来，不动声色地转化为集体对这个学生的爱。

举个例子。有一年开学，我正组织班上的学生坐在教室里讨论新学期的打算，教务主任向我走来，他后面还跟着一个学生，垂头丧气的。快走近我时，主任大步朝我疾走，到了我面前他趁后面的学生还没跟上来，便悄悄对我说：“我安排了一个留级生在你班上……”话刚说到这里，那学生已经走近了，我赶紧打断主任的话，直接大声地对那个孩子说：“呵呵，是新同学吧！欢迎欢迎！”我要让这个孩子对我的第一印象，就是老师对他非常热情。

然后，我把这个学生领到教室门口，很兴奋地对学生们说：“同学们，今天是新学期第一天，我们班上迎来了一位新同学！”学生们一听我热情洋溢的口吻，立即报以热烈的掌声，表示欢迎。

因为新学生是突然来到我班的，教室里自然还没有他的桌椅。可我不能让他一个人站着呀！我决定让同学们主动让出自己的桌椅，而且要营造一种纷纷让出桌椅的场面。

于是，我好像是自言自语地说：“哎呀，新同学还没桌椅呢！”孩子们都听懂了我的暗示，好几个孩子都举起手来并急切地说：“用我的桌椅吧！”

说着他们还站了起来。几个孩子的举动，又“提醒”了其他同学，教室里七嘴八舌地响起了“用我的”、“用我的”的声音，而且几乎全班同学都站了起来。我“只好”带着新同学坐到了前排一套已经让出来的桌椅前。

这场面显然让新同学非常感动。课后，教务主任特意对我说，这孩子品学兼差，很自卑，要我多费心思。我说，你放心，我和班级会关心这个同学的。后来，这个学生在班上很阳光，对集体事务也很热心，各方面都有不同程度的进步。这些进步，原因是多方面的，但集体给他的温暖无疑也是一个重要原因。

第二，唤起向上的信心。后进生往往缺少自信心，尤其是向上的自信心。或者说，这正是他们后进的原因之一。所以，唤起他们对自己的信心，是转化后进生的切入口之一。

每当我感到后进生听不进话时，或者后进生在我面前很顺从，但实际上过了一会儿就把我的话当成了耳旁风时，我就问自己：“我的这些话，是否点燃了他心灵深处向上的愿望和信心?”无数事实证明，只有当学生自己有强烈的上进愿望和信心时，他的进步才会出现并持久。所以，从某种意义上讲，所谓转化后进生，更多的时候就是不断设法唤起他向上的信心。当然，教师唤起后进生上进信心的前提，是对孩子无限的相信，相信每一个后进生都有向上的愿望。

唤起向上的信心，应该从让孩子发现自己的优点开始。只有意识到自己有很多优点，他才可能奋发向上。因此，最近二十年来，我每当接触一个后进生，第一次谈话时，往往是问他（当然是很自然地问）：“你有什么优点?”但很遗憾，几乎所有被我问到的孩子都是这样的表现——先是一愣，脸上很迷惑，好像在说“什么? 我还有优点”；然后低头默想，好像试图努力挖掘出自己的优点；最后抬起头，不好意思地说“没有优点”。而如果我问“那你有什么缺点呢”，学生则往往不假思索地“一二三四”流畅地说出自己的缺点。

我们的教育就是这样“培养”出只知道自己的缺点却不认为自己有优点的孩子的！

学生说不出优点，我自然会启发：“怎么可能呢？没有优点的人是没有的。这个优点有大有小。比如，你爱你妈妈吗?”

“爱呀!”学生马上回答道，同时会以一种很奇怪的表情看着我，好像在说：“我怎么可能连自己的妈妈都不爱呢?”

我笑了：“你看，你有孝心，这不就是优点吗?”

就这样，在我的启发下，孩子会慢慢说出诸如“我在家经常扫地”、“我肯帮助同学”、“我乒乓球打得不错”、“我同情弱者”（他不一定是这样的表述）等优点。

苏霍姆林斯基在《要相信孩子》一书中，曾阐述过这样一个观点：“我们的教育对象的心灵绝不是一块不毛之地，而是一片已经生长着美好思想道德萌芽的肥沃的田地，因此，教师的责任首先在于发现并扶正学生心灵土壤中的每一株幼苗，让它不断壮大，最后排挤掉自己缺点的杂草。”

第三，引导集体舆论。所谓“教育”，从来就不是教师一个人的事。“真正的教育是学生的自我教育。”这已经成为许多教育者的共识了。但是，我要说，所谓“自我教育”又包括两个方面：一方面是学生自己对自己的反思、审视、评价、表扬、激励……另一方面是学生集体中积极向上的气氛对部分消极学生或者某一个后进生的感染与影响。后者还没有引起很多教育者的重视。

班主任要善于引导集体舆论，把自己对某一学生的表扬、鼓励、关心、帮助变成集体对这个学生的表扬、鼓励、关心、帮助。前面我讲的那个留级生到我班后，我暗示学生们把桌椅让给他，就是一种成功的集体舆论引导。不过，那只是爱的表达。其实在表扬或鼓励等方面，同样可以让集体舆论成为对后进生的教育。

这种引导不应该只是在遇到具体的困难时，才临时让全班同学表现出“帮助”的姿态。教师应该从班集体诞生的第一天开始，就设法营造出一种既洋溢着温情又充满正气的班风。这种风气，能够让同学们面对某些情况时，自动形成一种力量。

十多年前，我做班主任，开学第一天，我就给孩子们赠送了一句话，后来那句话成了我们的班训："让人们因我的存在而感到幸福！"我给他们推荐意大利作家亚米契斯感人至深的小说《爱的教育》，加上平时点点滴滴的引导，我们班的确非常温暖。毕业前的一个月，有一天早晨我来到办公室，数学老师对我说："李老师，昨天晚上我发现，晚自习下课后，你班的许多同学都没回家，而是留在教室里继续学习。后来我才知道，最近一段时间，你班上有22个成绩优秀的学生自愿留下来，给另外22个成绩差的学生一对一地进行辅导。"我听了大为吃惊，但毫无疑问，这是我近三年来班风建设和舆论引导的结果。被帮助的22个同学好多都属于成绩差、表现也不太好的所谓"双差生"，但是毕业前他们却感到了整个集体的温暖，而不是李老师一个人的关心。所以，他们所获得的精神力量，远远不是我一个人的关爱所能给予的。

把后进生始终置于集体的注视之中，让他们随时感受到来自全班同学或温暖或期待的目光，这是我在转化后进生时所遵循的一个重要原则。

第四，允许不断反复。不少老师，尤其是年轻老师见不得后进生反复犯同样的错误——我年轻时也是这样的。他们往往这样批评甚至责骂反复违纪的后进生："昨天犯了错误，怎么今天又犯了？你写的检讨还在我这儿呢！你说话真是不算数，说话比放屁还不如！"

我理解这些老师的心情，我年轻时也曾是这样的，见不得学生反复违纪。但是三十年的教育实践告诉我，其实，反复是后进生的特点。仔细想想，优秀学生和后进生的区别是什么？是不犯错误吗？不是，优秀学生也犯错误呢！但优秀学生是偶尔犯错误，后进生是经常犯错误。比如，优秀学生和后进生都可能有不交作业的时候，但前者是偶尔不交作业，而后者是经常不交作业——这自然就是后进生了。所以，反复应该是后进生的重要特点之一。

明白了这一点，我们做教师的就会理解甚至允许其反复了。这不是纵容，而是宽容，更是一种期待。有了这份宽容和期待，我们便会多一份从容与平和，面对后进生时我们的眼光便会柔和许多，这会让孩子感受到我们的爱与信任，进而在心里接受而不是排斥老师的帮助。

懂得这个道理后，我就不再要求学生绝对不许犯同样的错误——连大人都很难做到这一点，而是希望学生犯错误的周期尽量长一些，而且越来越长，最后渐渐克服某些坏习惯。

第五，要以表扬、鼓励为主。我从来不认为对学生只能一味地赏识，我对取消批评无原则的所谓“赏识教育”一贯持质疑的态度。问题不在于该批评还是该表扬，而在于面对具体的学生，我们要研究他缺乏什么、他更需要什么。

好，我们来看看后进生。他们犯了错误，当然该批评，甚至如果犯了严重错误还必须按学校规章制度予以必要的惩罚。但在批评的同时，我们也不要放弃表扬。对这些孩子来说，他们从来不缺批评。

我们需要的是发现每一个人精神上的优势或者说尊严的制高点，如苏霍姆林斯基所说：“要在每一个人（毫无例外地是每一个人）的身上发现他那独一无二的创造性劳动的源泉，帮助每一个人打开眼看到自己，使他看见、理解和感觉到自己身上的人类自豪感的火花，从而成为一个精神上坚强的人，成为维护自己尊严的不可战胜的战士。”

人们常说“榜样的力量是无穷的”，其实，榜样的力量是极其有限的。表扬的力量则的确是无穷的！人都有尊严，都希望自己被别人尊重并承认。当然，我说的是那种实事求是的表扬，而不是牵强附会或虚情假意的所谓“表扬”。

我曾经教过一个由后进生组成的班。你可以想象，这样的班，后进生可不是一个两个。对付和转化这个班的学生，除了严肃纪律和严格管理之外，我的“法宝”就是表扬。当然，这个表扬也尽可能转化为集体的表扬。那时候，我每周末都要在全班举行一次“全民公投”，也就是让全班学生无记名投票，评选出当周进步最大的同学。凡是获得票数最多的前十名，我都要征求科任老师的看法，如果科任老师也认为这些学生进步很大，那我就给这十名学生两个奖励：一是周末带他们去公园或野外玩，那可是孩子们和我最开心的日子；二是给家长发报喜单。所谓“报喜单”，是我开学时就印好的，需要的时候直接填有关学生的姓名就可以了。

我要求获得报喜单的孩子必须拿回家让家长签字，周一返校时将家长签字后的报喜单回交给我，由我保存。到了期末，我再做统计——那时我将根据获得报喜单数量的多少，分别给这些学生按一、二、三等奖发奖品。另外，每个月我都邀请连续三次以上获得报喜单的学生的家长到学校参加我们的班会课，在班会课上隆重表扬学生，感谢家长。

别看这张小小的报喜单，其威力的确无穷。孩子很开心自不必说——他们很乐意把报喜单给爸爸妈妈签字，并理直气壮地要爸爸妈妈给予“适当的物质奖励”（我觉得这一条很好，反正又不要班主任自己掏钱，呵呵）。家长也很开心，而且很感动。他们被通知去学校不再是“配合教育”，而是光荣地和孩子一起享受表扬的荣誉。这对家长来说，也是莫大的鼓励。他们会更加积极主动地配合班主任的工作。

转化后进生当然不是仅仅靠表扬就够了，教育哪有这么简单呢？但是，经验告诉我，在和后进生打交道的过程中，表扬的力量无穷。

第六，暂时降低要求。我这里说的暂时降低要求，指的是无论是行为习惯还是学习成绩，我们对后进生的要求不要一下子提得那么高。如果要求后进生一步登天，那他肯定会丧失信心的，因为他不可能一步登天。相反，适当降低要求，他则可能会跃跃欲试，逐步进步。

前面在谈“允许不断反复”时，我就说过后进生不可能一下子就把多年的恶习彻底改正。因此，我们应该给他们一个“过渡期”，这个“过渡期”就是降低要求，但必须朝好的方向进步。

那年我教高一时，发现一个男生吸烟。如果是年轻时，我肯定会大发雷霆，并“勒令”他绝不许再吸烟。可那时我已经是有二十多年班主任经历的老教师了，知道苛求学生，他也根本做不到。何况这个学生说他从小学高年级就开始吸烟了，已经习惯了。所以，我耐心地和他谈心，让他真正明白中学生吸烟的坏处，主要是健康方面的。谈心持续了很长时间，彼此都很真诚。最后我对他说，我不要求你一次性戒烟，但你得给自己订个计划，每天或每周递减吸烟量。他认真想了想，说第二天告诉我。我觉得他这个态度恰恰表明他是认真的，是真心想改掉吸烟的坏习惯。

第二天，他告诉我，他以前是每周两包烟，现在他打算争取每周一包烟；做到之后，再减量，争取每周半包烟；然后再争取每天一支烟……我同意了。我说：“我不可能每天都守着你，监督你的只能是你的毅力和良心。不过，你如果哪一周做到了，就告诉我一声，算是给我报喜。如果没做到，不要紧，第二周重新开始。我相信你！”另外，我告诉他，不要在公共场合吸烟，更不要在班上吸烟，这样影响不好。

计划开始的第一周周末，他很兴奋地告诉我“做到了”，那一周他只吸了大半包烟。我也很兴奋地鼓励他：“继续！坚持！”但第二周周末他没来报喜，我知道他没能战胜自己，但我也没找他谈话。第三周周末他依然没来报喜，我也依然沉住气等待着，等待着。第四周周末他又来报喜了……经过大半个学期的时间，他终于告别了吸烟的恶习。

改变恶习需要暂时降低要求，学习呢？也是一样，也要对后进生暂时降低要求。后进生学习差，那不是一天两天造成的，他们的学习基础已经极其薄弱，学习习惯也非常糟糕，当然学习兴趣更是几乎荡然无存。在这种情况下，你要求他们马上就冲到前面，他们不可能做到。

有一个学生虽已初二，可知识的储备只相当于小学低年级学生，上课完全是听天书，考试只能交白卷，那我就让他上课读小说，后来再让他抄小说，这样慢慢让他静下来，逐步让他进入学习状态。这当然是极端的例子，不带有普遍性，但因人而异地降低学习要求，则是一个普遍的原则。遇到考试的时候，我就专门给这些学生辅导——其实所谓“辅导”，就是暗中给他们漏题，把第二天要考试的题目给他们反复讲，让他们反复练。结果第二天考试结束时，他们非常兴奋地对我说：“李老师，昨天你给我讲的复习题，我反复练了，结果今天考试就做对了！”我说：“是啊，老师讲的你反复练，考试就能做对题，学习就是这么回事，就这么简单哪！”有老师曾经担心，这样做，孩子怎么可能通过中考呢？我反问，难道不这样做，孩子就能通过中考吗？我当时的目的，已经不是让这些孩子通过中考了，而是让他们对学习感兴趣，并力所能及地在知识上有所增长。这样做至少保证了他们上课坐得住，不影响其他人，而且有同学后来真的对学习有了信心，成绩慢慢提高了。

转化后进生的方法，显然不只是我说的这些，很多老师都有丰富的经验。不过，我要强调的是，任何方法都不能百分之百地解决你所面对的“这一个”学生。所以，转化后进生，主要还得靠自己在实践中探索，在探索中不断总结，这实际上是一个科研过程。如果你天天都和一个或一群后进生打交道，只要有耐心，并且善于思考和总结，几年下来，你绝对就是转化后进生的专家了——要知道这可是后进生对你的“培养”和“提升”哟！

（四川省成都市武侯实验中学　李镇西）

二、成为有实践智慧的班主任

在讨论班主任这个话题的时候，需要考虑小学班主任和中学班主任的差异。小学班主任最好是慈母形象，小学班主任的关键要素是“爱心”。中学班主任最好是严父形象，中学班主任的关键要素是权威和制度。不过，无论中学班主任还是小学班主任，他们总有一些共同的要素。这些共同要素主要包括以下三个：一是思想智慧，二是实践智慧，三是应用技术。

我们讨论的话题是如何成为有实践智慧的班主任。实践智慧有两个特性。第一，部分实践智慧是既不可学，也不可教的，它得之于人的遗传或天赋。就此而言，实践智慧是一个很神秘的智慧：它需要人在处理实践问题的时候心领神会并迅速做出决策、果断采取行动。它对教师尤其是班主任这个职业提出了比较高的门槛。这样看来，并不是所有人都适合做班主任，但是，这也不是说实践智慧都来自人的天赋，因为还有部分实践智慧可以通过后天的学习而得到发展。所谓教师专业发展或班主任专业发展，主要是针对那些可以学习的智慧。

实践智慧的第二个特性就是，某些实践智慧是可学的，也是可教的；而某些实践智慧虽然是可学的，却不可教。某些专家或师父可以把实践智慧作为教师教育的目标，但是，即便建立了这样的目标，这些专家或师父也不能直接把实践智慧教给他人。实践智慧只能间接地、示范性地教，不能直接地、用类似说明书的言语去教。

这就是今天我们讨论的重点。我们需要考虑的问题有两个：①哪些实践智慧是可学的，也是可教的；②哪些实践智慧虽然是可学的，却是不可教的，或者说，哪些实践智慧只能间接地教、示范性地教。

为了回答这两个问题，我们需要重新考虑班主任工作的三个共同要素。在这三个要素之中，实践智慧在思想智慧和应用技术之间，并不说明这三者是独立的。实际上，实践智慧依赖于上面的理论智慧和下面的应用技术。它是一种承上启下、上传下达的智慧。我们可以说，实践智慧就是心领神会、得心应手、当机立断（决策）和果敢行动。但是，一个人是否能够做到心领神会、得心应手、当机立断（决策）和果敢行动，恰恰取决于这个人是否具有上面的思想智慧和下面的应用技巧。

于是，如果有人追问什么是实践智慧，就必须将这个提问做一个转换：怎样让自己既有思想智慧又有应用技巧？而应用技巧虽然是可学的，却是不可教的，准确地说，它只能间接地教。所有的应用技巧，只能由“看中学”（可称之为“范本学习”）并引发“做中学”，而不能“听中学”。

如果说应用技术是可学而不可教的，那么，思想智慧则既不可学，也不可教。思想智慧只能“被思考、被批判”和“感染”，并由此而被信任或被怀疑。如果说掌握应用技术的关键是“看中学”和“做中学”，那么，拥有思想智慧的关键是基于批判性思考（或直觉）的信任。思想智慧的形成过程是“批判性思考”和“感染”，思想智慧的结果是形成自己的生活信念。

对中小学教师来说，他们既需要立足于“看中学”和“做中学”的应用技术，又需要基于“批判性思考”和“感染”的生活信念。而且，基于“批判性思考”的生活信念比应用技术更重要。

现在，我来做一个总结。如果问“究竟怎样才能成为有实践智慧的班主任”，我的建议如下。

第一，多向那些有技巧的老师学习，看看他们是怎样处理日常班级管理事务的。比如，孩子偷钱遭父亲暴打怎么办？野蛮家长干涉学生座位怎么办？学生的钱被偷之后怎么办？遇到搞恶作剧的学生怎么办？女生在教室里悄悄化妆怎么办？女生与街头男青年恋爱怎么办？学生在数学课上看小说怎么办？等等。

第二，超越应用技术，多思考什么是一个好人、什么是一个好公民、什么是一个好学生这些大问题。如何看待那些善于练习、善于考试而不善于解决问题的学生？如何看待那些成绩好但身体不好的学生？如何看待那些习惯于独处而没有交往能力的学生？是否应该让学生野蛮其身体、文明其精神？是否每个人都有被承认、被赏识的欲望？

我们可以提出一些具体的策略，但是，关键的问题依然是：凡属于应用技术的问题，要多看看优秀的老师，把他们作为自己模仿、尝试的范本；凡属于生活信念或思想智慧的问题，可以选择一些公认的好书，经过自己的批判性思考或接受其感染而建立自己的生活信念。

（华南师范大学　刘良华）

（策划　陈雪娇　班主任之友杂志社）

第二章
那些经常迟到的学生

迟到现象在教室里司空见惯，表面上看似简单，但要想真正杜绝，难！这是一个复杂的教育过程，需要老师和家长共同努力，去找寻孩子迟到背后的根源，然后对症下药。

第一节　为什么那些学生总是迟到

爱迟到的学生都是那些上学不主动、学习不积极、贪玩的孩子吗？走近学生，你会发现学生迟到并不是态度和认识问题，而是有着各种客观存在的原因。迟到与学习成绩的好坏无关，因为好学生也爱迟到。

一、家长包办

【案例】孩子，这是你自己的事

一天放学后，小情的妈妈拉着我的手说："汤老师，我能跟您聊一聊，寻求点儿帮助吗？"看着这位四十岁刚出头的母亲，为难与无助写满了她原本标致的脸，我心头一惊："难道孩子发生了什么事？能让这个漂亮的母亲为难成这个样子，一定不会是小问题。"我微笑着点了点头，领着她们母女两个到了办公室。我递给小情一本《没头脑和不高兴》，让她去隔壁的阅读区看会儿书。孩子是很爱看书的，拿着书高高兴兴地去了。然后，我请孩子的母亲坐下，聊了起来。原来，这一段时间以来，在老师面前乖巧、懂事的小情把她母亲折磨得痛苦不堪。

事情是这样的：小情的爸爸工作很忙，经常出差，小情和哥哥的生活起居全部由妈妈一个人承担，包括上下学的接送。小情的哥哥上中学住校了，小情也读小学一年级了，母亲以为日子会轻松一点儿，可是事情远不是她所想的那样。只管一个孩子，反倒更难弄了。每天早上成了母女俩最难过的时候。妈妈叫小情起来，小情要赖床，勉强起来了，又不肯刷牙洗脸，妈妈将牙膏、牙刷塞到她的手里，她在威逼利诱下完成了洗漱，却又不愿吃早饭。妈妈就一边看着墙上的钟，一边一口一口地把饭往女儿的小嘴巴里送，一个不留神，女儿就将送进嘴里的饭吐掉了。就这样折腾了老半天，最后母亲几乎是拎着孩子和书包一起出的门。

母亲说着说着，声音大了起来，我明显感觉到了她心中的愤怒和不快：“汤老师你知道吗？有几次我真的很生气，恨不得打她一顿……”我微笑着看着她说：“最后你还是忍住了，没打不是吗？哈哈，看来这孩子真的把你气到了！”她看了看我，像得到鼓励一样，继续说：“有一天早上她又不肯起床，一定要让我亲她，还得说：‘亲爱的宝贝，起床啦！’我在她额头上亲了一下，她还不高兴，非得要亲脸，亲了脸之后还要亲手，就这样没完没了地亲了半个小时……”

看得出，母亲对女儿的爱是那么深厚，可是对女儿这样的行为又是那么无奈！于是，我郑重其事地对小情的妈妈说：“这样吧，孩子的问题不是一下子就能够解决的，你先不要急。不过，如果你相信我的话，接下来就听从我的建议，我们试一下，好吗?”她看着我点了点头。我平静地对她说：“孩子早上磨蹭，主要是因为她想依赖，而且也有得依赖。所以要想改变现状，只要拆掉你为她建造好的依赖宫殿即可，没有了可依赖的东西，孩子自然就要自己承担相应的责任。今天晚上你好好和孩子谈一谈，告诉她：‘女儿，你已经长大了，上学是你自己的事情，妈妈能做的事情只有叫醒你，为你准备好早餐。其他事情相信你都可以自己完成。’明天早上你要说到做到，即使来不及了，也不要去帮她或者批评她，但可以提醒她接下来做什么，语气一定要温柔，同时你也可以找点儿自己的事情做，比如搞搞卫生什么的，不要一直围着她转。”一开始，小情的妈妈还不停地点头，当听到我说不要帮女儿也不要批评她的时候，开始有点儿担心了：“那如果真的迟到了，怎么办呢?”我笑着说：“没关系，你只要做好我说的，不管多晚都把她送到学校来，其他事情交给我来做吧！”她点点头，若有所思地离开了。

第二天早上，我一直关注着小情的座位，寻思着这个时候她该是个什么状况。时针划过数字 8 的时候，小情还是没有来。这天第一节是体育课，等孩子们排着队去操场以后，我坐在教室里改起了作业，其实我是在等小情的到来。果不其然，快到八点半时，小情才背着书包走进了教室。看见我在里面，头埋得很低很低。可是我还是清楚地看到了她哭得红肿的双眼。我轻轻地走到她的身边，帮她把书包拿下来，温柔地说：“小情，你来啦！同学们已经去上体育课了，你也快点儿去吧！”她很诧异地抬头看了一下我，可能是来晚了见我却没有批评她的缘故吧！我依然温柔地说：“如果体育老师问你，你就说在帮我整理作业本，去吧！”她飞快地跑出教室，去上课了。

小情刚出教室，她的妈妈就给我打来了电话，非常急切地说：“汤老师，今天早上我按照你说的做了，小情果然迟到了，她哭得很伤心。没事吧？”我安慰道：“孩子很好，已经去上体育课了。等会儿我还会找她谈谈的，你只要整个星期都坚持这样，下个星期她应该就会有所改变了。”

中午的时候，小情已经变得很平静了。我请她到办公室来，让她说说自己怎么迟到了。她很不好意思地说： “我起来晚了，动作又慢，所以……”“那你可以让妈妈早一点儿叫你啊！”“妈妈叫了！”“你动作慢，可以请妈妈提醒你一下啊！”“妈妈提醒了！”“那怎么会……”我装作很惊讶地问。她咬了咬嘴唇，说：“是我自己没上心，没做好！”“嗯，那你知道该怎么做了吗？”她点了点头。

事情就这么过去了，小情再也没有迟到过。后来，在和她妈妈的交流中得知，孩子经过那一次，真的变了很多。我建议给小情买个小闹钟，代替妈妈每天早上叫她。她妈妈也照做了，以后，小情再也没有因为早上的磨蹭影响母女的感情了。

（北京师范大学南湖附属学校　汤林燕）

【评析】

有很多家长从叫孩子起床开始，什么都替孩子做。催孩子起床，一件一件给孩子穿衣服（孩子此时半睁着眼睛），拉孩子进卫生间，甚至帮孩子洗脸刷牙。如果家长这样伺候，那么无论你嘴里说的话多么严厉，他都不会着急，因为他心里有底——反正你比我着急，反正这都是你的事情，反正你得替我把一切做好。起床上学本来是孩子分内的事情，竟然变成了“给妈妈起床，给妈妈上学”，主动完全变成了被动。打也打了，骂也骂了，赏也赏了，罚也罚了，动之以情，晓之以理，大道理讲了无数遍，家长嘴皮子都快磨破了，最终孩子还是常迟到。人之常情是只有自己的事情才会抓紧，别人的事情总不那么急迫，如此导致迟到也就是很自然的了。这种家长需要教师指导。教师要告诉他们，迟到不迟到是孩子自己的事情，家长不要替他承担责任，家长顶多做一些帮忙的工作，而且尽可能减少。要是家长跟孩子说清楚，让孩子自己负责自己的事情，很可能他反而会有进步。

（北京教育科学研究院基础教育研究所　王晓春）

二、家长纵容

【案例】挂掉老师电话的妈妈

有些学生经常性迟到的问题出在家长身上。这些学生的家长不觉得迟到有什么大不了的，他们认为仅仅是迟到而已，又不是不到。而这些学生迟到的原因不外乎以下几个：头天晚上作业做晚了早上起不来、闹钟坏了、没调闹钟、吃早餐慢了……这些本身就是因为家长没重视，纵容，所以这些学生也就不把迟到当一回事。

倩倩最近常迟到。经过询问才知道原来她有吃夜宵的习惯。晚上，倩倩的功课做完后，妈妈怕她饿，就给她吃点儿夜宵，她边吃夜宵边看电视。倩倩经常为了能多看几眼电视节目，磨磨蹭蹭地吃，有时候看得高兴就一直看下去，妈妈怎么让她去睡觉都不听。她睡得晚，早晨起床很费劲。所以，倩倩上学总是迟到。一个学期下来，我都当过好几回闹钟催她上学了。有时家长会抱歉地说两句：“老师，今天孩子赖床起晚了点儿。刚送孩子出门，马上就到。”“对不起，老师。闹钟早上没有响，我们都睡过头了。我马上送孩子来学校。”而有时家长知道是我的电话会直接把电话给挂了。

每当这个时候，我总觉得自己很失败，同时也替孩子感到惋惜。家长的这些不当行为，孩子看在眼里，自然也不会觉得自己迟到是不对的。

（白　冰）

【评析】

我们常常看到有些小学生甚至中学生，迟到旷课满不在乎，老师批评他还挺委屈，因为他们的家长从来都没有因为他们迟到而着急生气过，只有纵容。所以，教师遇到有学生连续迟到的情况时，首先要询问一下他的“迟到史”——他是从什么时候起开始爱迟到的、家长那时的态度是什么。如果确属家长纵容造成的习惯性迟到，很显然，单靠教师的说教无法取得好的效果。那就一定要把家长请来，给他讲清前因后果，让他认识到自己的失误，以后孩子迟到了再也不要袒护。

（北京教育科学研究院基础教育研究所　王晓春）

三、家长缺位

【案例】匆匆太匆匆

有一年，我班的磊经常迟到，而且每次都是匆匆忙忙地跑进教室。经常是一脸惺忪，显然是起床晚了，没有来得及洗脸，就匆匆赶往学校。

一次，周一升旗，磊又是匆匆忙忙跑向已经站好的升旗队伍的最后，左手拿着没来得及吃的早点，胳膊上还挎着敞口的书包，右手忙着从书包里拿出没来得及系在脖子上的红领巾，棉外套也没来得及拉上拉链。也许是跑得太匆忙了，涨红的脸上已微微冒汗。

每次看他匆匆忙忙的样子，我都不忍心批评他迟到。我想，他经常迟到的背后一定有原因，否则他不会总是那么匆忙。每想到此，爱怜之情便油然而生。

于是，我赶紧帮他拿上书包和早点，让他把红领巾系上，把外套的拉链拉上，并让他趁升旗还没有开始，抓紧时间把早点吃了。他很感动地说了声：“谢谢老师！”看着他狼吞虎咽吃早点的样子，我知道那不是因为饥饿，而是因为不想耽误升国旗。我既感动又心疼地说：“慢点儿，别噎着。”他还是匆忙地在升国旗前吃完了早点。

看着背上书包安定下来的磊，我的心稍稍放松了点儿，却无法平静。我在想：究竟是什么原因造成他经常迟到呢？升旗结束后，我与磊进行了一次谈话，他很坦诚地告诉我，他的父母喜欢打牌，几乎每天晚上都要打到深夜。尽管父母也催促孩子早睡，但孩子根本睡不着，缺乏睡眠的孩子第二天早上自然不能早起。可想而知，这样的家庭环境，怎能让孩子养成良好的习惯？也难怪孩子会经常迟到。

看来，要解决磊迟到的问题，家长是关键。于是，我利用家长接待日的时间，与磊的家长做了一次长谈，家长也清楚地意识到了打牌对孩子造成的不良影响。望子成龙的家长表示一定不再在家打牌到深夜，要与孩子一起养成早睡早起的习惯。同时，我也跟磊强调，要学会自己管理自己，自己给自己定时，不能什么事都完全依赖家长。

从那以后，磊很少迟到了。过了一段时间，我特意给磊的家长打电话，表扬了磊的转变与进步，并对家长的支持和努力表示衷心的感谢，家长也对老师表示了感激。

（河南省中牟县实验学校　李巧枝）

【评析】

由于各种原因，许多家长平时对孩子缺乏关爱和呵护，他们认为孩子只要“吃饱穿暖”就行了，其他的都是次要的，都能够在学校学到。因此，他们总是忙于自己的应酬或工作，导致孩子从小没能养成良好的习惯。经常迟到就是其中的一种表现。遇到这种情况，教师一方面要正确地引导孩子，帮助孩子逐渐养成良好的习惯；另一方面还要干预家长，从改变家长入手。

四、恐惧校园

【案例】淡定的迟到背后

今年，我班一个叫超的学生经常迟到，不管是早上还是中午，不到上课铃响，很少见他进教室。每次他都是慢悠悠的，超常淡定，全然没有一点儿因迟到而出现的紧张感。

我问他为什么总是来得那么晚，他弱弱地说家离学校有点儿远。我问他到校大约多长时间，他说将近20分钟。对于一个小学三年级的学生来说，20分钟的路程的确不近。我不无关心地对他说：“是有点儿远，以后出门稍早一点儿，路上注意安全。”他点了点头，算是答应了我。

可是，随后几天超一如既往地迟到，照样是慢悠悠的。我决定与超的家长联系，了解一下超出门的时间，家长说超总是早早就出了家门，根本不可能会迟到。我又向学生了解情况，很多学生都说经常见超在路边玩，有时喊他进校，他也不进。

看来，问题出在超自己身上。这里边一定有原因，我必须与超进行一次深入的谈话。

从我了解的情况可以初步判断，超是故意迟到的。所以，我觉得没有必要拐弯抹角，而是开门见山地问超为什么不想进学校，但我的内心是平静的，语气是舒缓、轻柔的。因为我深知他一定是有难言之隐，需要老师小心地呵护那颗幼小而脆弱的心。尽管我很小心地询问，但他还是低头不语。我说：“我知道，你不愿进学校一定是有原因的。但是，你知道吗？你不进学校，老师很为你担心。我想，懂事的你一定不愿意让老师为你担心，是吗？”在我的耐心诱导下，他终于说出了心里话。他说他什么都学不会，感觉坐在教室里是一种痛苦，所以就在校园外边溜达。

听了超的回答，我的心在隐隐作痛，我能深深地感觉到超的无奈与无助，还有他心灵深处的那份孤独。的确，他每科的成绩几乎都是个位数，我给他补课也是从一位数加一位数开始的。尽管我利用课余时间给他补课，但他还是无法跟上集体的学习步伐。面对各门学科，他无从下手，体验不到学习的快乐，总是心不在焉，无所事事。于是，他选择逃避，经常迟到。

为了让超的心有一种归属感，我决定先不从学习上要求他，而是让他先有事做。我问他愿不愿意担任收发作业的课代表，每天早上、中午到校后，负责收发作业。超很爽快地答应了。

超上任的第一天就早早来到教室开始收发作业，我也不失时机对超进行了表扬。就这样，超在为班级做事的同时，感受着自身的价值，体验着为他人服务的快乐。尽管他的学习还不能有太大突破，但他不再恐惧进学校，不再恐惧进教室，也不再迟到了。

（河南省中牟县实验学校　李巧枝）

五、贪玩随性

【案例】迟到的漂亮男孩儿

长长的睫毛下，一双明亮的眼睛，就像清澈的泉水；皮肤白皙，两腮红润；身穿一套得体的运动服：多可爱的孩子啊！

他是一个聪明伶俐的二年级学生。这是他最初给我的印象。经过一段时间的接触，他开始让我头疼。他经常无缘无故上学迟到。

询问其他学生，得知他迟到的原因不是起晚了或者家里有急事，而是贪玩。他每天上课前在学校大门外的小卖部里买东西，买吃的喝的，吃完喝完了，再上学；买玩的，玩够了，再进学校。

一筹莫展的我回到了办公室，从以前教过他的老师那里得知，这是一个单亲家庭的留守儿童。父母离婚了，自己跟着外婆住，家庭条件很好，但从小缺少母爱和父爱。

搞清楚了孩子的经历后，我拨通了孩子母亲的电话。孩子的母亲在外地，工作很忙，不能经常回来，但她表示以后一定会多回家看看孩子。我又与平时照看孩子饮食起居的外婆进行了沟通，达成了共识。

最难做工作的是孩子。我连续多次在晨诵课后和孩子进行沟通。我说：“你妈妈平时很忙，并不是不管你了。妈妈忙着挣钱，挣到钱后才能给你买好吃的、好玩的和新衣服啊！外婆年龄大了，每天很辛苦，你要听外婆的话。因为你是小男子汉了，以后不能只顾着玩。再迟到的话，妈妈和外婆会很伤心的。这样妈妈就不会给你买好吃的、好喝的、好玩的了。你明白吗？”他泪汪汪的，承认自己错了。

接下来，我让他的邻居小伙伴们与他结伴同行，一起上学，一起做作业，一起游戏。

在老师、家长的协作下，在邻居小伙伴们的帮助下，他逐渐改掉了迟到的坏习惯。

（山东省莱芜市莱城区寨里镇中心小学　薛立斌）

【评析】

小学阶段的儿童的自觉性、自律性正处在发展之中，其自觉性、自律性比较差。这些孩子又是刚刚从幼儿园或家里来到学校的，以前“游戏”、“玩乐”的情景常常浮现在眼前，在路途中常常会被新异事物吸引而忘了上学，耽误了上学时间。这个时候，老师、家长要及时引导，帮助孩子树立正确的意识。

六、磨蹭拖拉

【案例】“老师，我习惯迟到了”

小雨是初二开学时转来我班的。在初一期末时，小雨便参加了我校的期末考试，成绩算作入学时的起始成绩。教务处老师告诉我，小雨的总分很有优势，我比较了一下班级情况，心里暗喜：“看来班级十强要发生变化了。”

开学第一天，我将小雨隆重地介绍给了全班同学。小雨带着甜甜的微笑，很快就融入了我们这个集体中。这让我感到很放心，也很庆幸自己有这份好运。小雨也没有辜负所有人的期望，每次考试成绩都很理想，数学更是她的强项，上课时她反应很快，同学们羡慕地封她为“算神”。数学老师对她也是赞不绝口。

可就是这么一位学习一流、交友广泛的“大神级”人物，却慢慢让我头疼起来。第一次发现小雨迟到时，我并没有说她，只是稍加提醒。没想到，随后居然有第二次、第三次……

我多次找小雨谈及迟到的问题，却不见效果。与她的家长取得联系后，却听到了家长这样的抱怨：“是啊，老师，这是个老问题了！小学六年级的时候，她就逐渐养成了拖沓的习惯。在家磨磨蹭蹭，总是习惯性地迟到那么几分钟。几任老师都提到了这个问题，我们也想了很多办法，但她就是转变不过来。”再跟小雨交流的时候，她也直接告诉我：“老师，我习惯迟到了，改不好的。”

针对小雨迟到的问题，我的说教失效了，我打电话喊她起床也失效了……

就在我认为无计可施之时，一次“三好生”的选举却给我带来了新的契机。小雨因为体育成绩未达到“三好生”的评选标准，被拒之门外。我本想与家长交流，商量如何安抚孩子的情绪，却从她父亲那里得知：小雨解释说因为她想把荣誉留给其他同学，所以这次她没有参加竞选。我眼前一亮：原来，小雨还是挺在乎荣誉称号的嘛！

新学期一开学，我便与小雨在迟到问题上进行了新的“较量”。我主动出击，对小雨提出要求：“新的学期该有新的表现了吧！关于迟到，老师让一步，每学期允许你有三次迟到的机会，你可以在我这里领取三张迟来卡，用完之后如果再晚来，本学期的评优你就不能参加了。因为你连最简单的守时都做得不够好，可见你还是不够优秀嘛！”小雨迟疑了。我追问道：“怎么，不敢接受挑战吗?”小雨耐不住激将法，答应了下来。

不出两周小雨就用掉了三张迟来卡，我心里暗暗嘀咕：“看来这招儿又要失效了……”为了做最后的争取，我在收回最后一张迟来卡时做了善意的提醒：“唉，看来本学期的评优你又没机会了。”

小雨没答话，若有所思。结果，从第二天起小雨就没有迟到过了，虽然也不早，基本上每天都是踩着铃声进班，但已经不容易了。因此，我及时表扬了她，并不断加以提醒。

（南京师范大学附属中学新城初级中学　沈磊）

【评析】

拖拉的习惯并不是一天两天养成的，也不是马上就能改变的，而且不能靠别人的简单帮助而改变。只有靠自己，才能改变拖拉的习惯。这需要很大的决心和自制力。这需要老师和家长从孩子的实际情况入手，时刻鼓励孩子，给孩子以希望和目标，用行动来帮助孩子成长。

第二节　面对经常迟到的学生，教师可以做些什么

一、以情动人，让学生不好意思迟到

【案例】专家的方法失灵了

几年前，看过《德育报》上的一篇文章，写的是魏书生老师是如何处理学生上课迟到的。

上午第一节课，上课铃响过，魏老师正要给学生讲语文。教室门外，一个学生喊："报告……""请进！"魏老师说。这位迟到的学生红着脸，低着头走进了教室。当魏老师和同学们看到这位学生满头大汗、气喘吁吁的时候，魏老师和颜悦色地对他说："虽说你迟到了，可老师不批评你，老师反倒要表扬你，你一定不想迟到，看你为了赶课跑得汗流浃背的，所以我提议（魏老师对全体学生说）我们为这位迟到的学生鼓掌！"教室里顿时响起了雷鸣般的掌声……

从此，这个学生再没迟到过……

专家就是专家，方法就是对头。他采用鼓励法发现学生的闪光点，激励了学生，感动了学生，学生再未迟到过。

去年，我教初三思想品德课，班里有一个学生经常迟到，班主任和其他任课老师想了很多办法，软的、硬的、不软不硬的，都不管用。我主动请缨，对其他老师说道："黔驴技穷，没辙了吧！看我的，我来用专家的鼓励法让他不再迟到。"我自信满满。

一天上午第一节课，这个学生一如既往地迟到了，我正在给学生上思品课，教室门外传来低低的声音："报告……""请进！"我兴致勃勃地说。

这个迟到的学生汗流浃背，跑得满脸通红。于是我就用魏老师的鼓励法表扬了他，并和同学们一起鼓掌。末了，我还加了一句：“我相信，这位同学以后一定不会再迟到了。”他低着头，红着脸，坐到自己的座位上……

没想到，第二天这个学生还是迟到了，第三天、第四天……还是一如既往地迟到。同事笑话我：“专家老师，怎么样？”我哭笑不得……

（摘自全国中小学教师继续教育网，吴冰）

【评析】爱不是万能药

情感也好，爱也好，对于教育而言，是必需的，是基本常识。一切与教育有关的行为，都应该建立在爱的基础上。只是，如何爱？爱的积极作用是什么？爱的消极作用又是什么？这些问题，身为教育者都应该问一问。

这篇关于迟到的案例，确实有很多东西需要分析。

第一，用“以情动人”这个招数来处理迟到问题，是不是能百分之百地见效？案例里面的结果已经回答了这个问题。

第二，为何有些老师使用有效，有些老师使用就无效呢？这里面究竟有什么原因？

为何案例中的老师采用“以情动人”策略，却最终哭笑不得？为何那个学生“春风不解风情”，还是一如既往地迟到呢？这里面值得玩味的东西颇多。

首先看这位老师，他是思品老师，非班主任。平时与学生交流少，对孩子的了解不够，与孩子的感情未必到位。此种情况下去打感情牌实在是冒险之举啊！再看这个学生，他是个什么角儿？“班主任和其他任课老师想了很多办法，软的、硬的、不软不硬的，都不管用。”对于这样一位难缠的角儿，直接套用魏老师的“四两拨千斤”，实在是把教育看得太简单了。

凡是用爱来解决的问题，最后都很难解决。要说爱，哪个老师的爱能超过学生父母对自己孩子的爱？然而，为何孩子的不良行为不是越来越少，而是越来越多呢？

要想真正彻底地解决问题，还是要让学生从骨子里明白：迟到是一种不好的习惯，改掉它，跟老师爱不爱自己无关，跟是不是这个老师教无关；守时，是每个人必须遵守的规则，既是对自己的尊重，也是对他人的尊重。

没有爱就没有教育！但是，每个教师都需要明白，爱不是万能药！

（广东省深圳市光明新区光明中学　钟杰）

二、适当惩罚，让学生不敢迟到

【案例】我的惩罚史

我对待迟到的学生向来不留情面，虽然没有什么具体的惩罚措施，但我会在全班学生面前让他们很难堪。不过，我渐渐地发现这一招儿不灵了。

我带班第二年时，班里出现了一个迟到大王。这名学生几乎每天都迟到，任你怎么软硬兼施，对她都不起作用。后来，我也就听之任之了。

这两年我一直带文科普通班。尽管我以身作则，几乎没有迟到过一次，但这对部分学生来说根本起不到任何作用。爱迟到的学生并非四六不懂，他们也知道迟到不好，但就是管不住自己。有好几次，我们班在月统计中迟到人数为正数第一，为此年级主任还专门提醒过我。

为了治住这几个学生，我动了“真招儿”。凡是迟到的学生，我一概不批评，不罚他们扫地，也不罚站，更不会采取停课等举措。我让他们抄写语文书中的文言文和诗词。比如像《孔雀东南飞》那样的长诗，就抄两遍，像《赤壁赋》那样的较短的文章，就抄五遍。抄的时候还要注意课下注释，我偶尔会在他们交“罚单”时，考他们几个字、词、句。

自从我使用了这一招儿后，班里学生迟到的现象剧减。

当然，世上没有万能之招儿。班里有个学生，虽然因迟到被通知抄写课文，可人家就是不抄。

迟到看似小事，却很棘手。一次，赵老师（我徒弟）收到一名学生家长的短信，意思是对赵老师惩罚迟到学生的做法表示不满，认为伤害了学生的自尊。其实，赵老师只不过是让迟到的学生在他们班对面的小办公室里早读而已。而这就激起了学生和家长的抗议。

唉！现在的学生和家长与过去真的有区别了，让我们老师有时候真的无所适从，不知道自己的哪项举措会招致抗议。“不要指望自己的好心一定会得到学生或家长的理解，否则，你会心理失衡的。”我安慰赵老师。

（摘自邢台网）

【评析】莫以不变应万变

读这则案例时不由得想到了以下几个问题：对于学生经常迟到这一现象，有没有必要非得进行惩罚？惩罚能不能真正达到目的？对每个学生的惩罚方式是不是应该一样？

应该说，对经常迟到的学生施加适当的惩罚，是有一定作用的。但值得关注的是，这种惩罚常常只能暂时解决问题，用不了多久问题就会反弹。为什么会这样？案例没涉及这方面的思考。

准确来说，孩子并不是什么都不懂的，“爱迟到的学生并非四六不懂，他们也知道迟到不好，但就是管不住自己”。管不住自己只是表象，不同的孩子迟到有不同的原因。有时是怕上那门课而故意拖拖拉拉，多争取点儿“自由”时间；有时可能是真有事耽误了；有时则是想出风头；有时只是凑凑热闹……即便原因相同，每个人的想法也不一定一样，甚至同一个孩子，前后的想法也都是有差异的。只有关注到这些，进而施加不同的教育，而不是一刀切、统一尺度执行惩罚，才能让教育抵达孩子的内心深处，让他们的改变更真实、更长久。

对于经常迟到的学生，我们需要关注其迟到背后的原因。从这个意义上说，对于经常迟到的学生，也并不是非得进行惩罚才能转化，相反，单纯的惩罚反而有害，会损害师生、亲子及家校之间的关系。“一次，赵老师（我徒弟）收到一名学生家长的短信，意思是对赵老师惩罚学生迟到的做法表示不满，认为伤害了学生的自尊”，就是这种损害的典型表现。

教师在实施惩罚行为时，关注的仅仅是学生身体有没有受到伤害，容易忽视对学生的心理伤害，自然会受到各方面的指责与抗议。这时，我们应该想到教育的路有千万条，除了惩罚，我们还可以有别的选择。我想，如果教师能够去激发学生的荣誉感，给予他们向上的动力，让他们形成转化的内驱力，一定会比单纯惩罚的效果好得多。

因而，对于经常迟到的学生，我们可以实施适度的惩罚，但必须同时有其他辅助教育措施。这样，才能保护好孩子的个性发展，营造无恐惧的氛围，让孩子身心健康地发展。如果辅助措施跟不上，宁愿再等一等。这，才算是用心的教育。

最后，当我再次审视这个案例时发现，这个案例的着力点是解决事情，而非关注孩子的发展。案例中的“不留情面”或“罚抄”的惩罚行为，其出发点都是让孩子改变行为，而丝毫没有考虑到孩子内心的感受。这种强压式的惩罚，缺乏教育应有的温度，是只见“事”不见“人”的，因而难以达到我们想要的效果。而要想教育措施（包括惩罚）有效，我们更应该将目光转向“人”，去考虑孩子的实际情况，了解孩子经常迟到的原因，才不会陷入“规则主义”的泥淖，才不会出现“以不变应万变”的教育窘境，才能够让教育真正有效。

（安徽省芜湖县湾沚镇第二小学　庄华涛）

三、干预家长， 让学生不再迟到

【案例】让人担忧的迟到理由

“今天为什么迟到了?”这大概是老师们看见迟到的学生说得最多的一句话。虽然只是这么简单的一句问话，答案却是多种多样，五花八门的。

“我妈妈睡过头了!”

“奶奶早饭做晚了!”

“半路上才想起作业本忘了，爸爸让我跟你说都是他的错，没帮我仔细收拾好书包才害我迟到的。”

…………

学生迟到，怎么都是家长造成的呢？是孩子在推脱责任？

不迟到、不早退、按时到校学习被列入学生守则，对学生来说，是必须遵守的纪律。偶尔一两次迟到，是在所难免的，老师也基本能够理解。然而，一句句“我妈妈睡过头了”、“奶奶早饭做晚了”所表露出来的对迟到的不屑，认为迟到与自己没有一点儿关系的态度，让我们不得不担心、忧虑。

是家长在纵容孩子推脱责任？

现在的孩子，家长早起做好了饭，还得再等妈妈喊上几遍才磨磨蹭蹭地起来梳洗，一顿饭吃半个小时，一个书包收拾15分钟。在我接受家长咨询的过程中，遇到最多的也就是“我们家孩子上学、做作业干什么都不着急，这可怎么办”之类的提问。想想到底是谁在“鼓励”孩子这样做呢？本来是孩子自己起晚了，妈妈却在埋怨爸爸：“怎么不早点儿叫孩子？都是你给带坏的！”这下好了，孩子没责任了，不着急了——“我起晚了原来是爸爸没有叫我起床啊”。一看时间到了，急急忙忙吃了几口，就上路了，半路上却发现课本忘带了。难怪孩子说：“我妈妈睡过头了！”“爸爸没帮我仔细收拾好书包才害我迟到的。”

家长要从小培养孩子的责任感。

如果一个人从小就缺乏对自己所做的事情应当负有责任的意识，这些迟到的原因今后就会演变成为对工作、对生活责任的推卸：产品质量不好是机器的问题，手术失败了是药物失效的原因，工作没做好是因为同事不合作，家庭不和睦是因为对方不随和，等等。

其实，从小培养孩子的责任感是很容易的。我们可以从以下几个方面来着手。

①以培养自理能力来培养孩子的责任感。小学期间最关键的事情是培养孩子良好的行为习惯，重点不应该是学琴、学画。在孩子上小学时就要让孩子努力做到自己的事情自己做、自己不会的事情自己学着做。我们做

家长的要明白，一个有独立意识和独立能力的人，才可能是一个有责任感的人。以上那些孩子说出那些迟到的理由都是由家长过多的包办代替造成的。

②以培养家务劳动习惯来培养孩子的责任感。让孩子做点儿力所能及的家务活，能使孩子体验自己对家庭应尽的责任，同时也会培养他们的自理能力，增强他们的自信心与独立性。这样长大后，他们才会意识到自己对社会和家庭的责任，有信心、有能力去尽自己应尽的职责，而不是总希望依赖他人。

③以承担事情的后果来培养孩子的责任感。比如，孩子损坏了别人的东西时，一定要让孩子通过自己的努力来赔偿。即使对方觉得损坏的东西不值多少钱，或认为小孩子损坏东西是常有的事，又不是故意的，不让孩子赔偿，做家长的也应该坚持让孩子有所付出，这样可以让孩子知道，谁造成了不良后果，就该由谁负责。

（摘自 2008 年第 3 期《家庭与家教》，赵金强）

第三节　其他应对思路

不仅是学生，老师也会迟到，有时是有意为之，有时是客观情况无法避免。面对经常迟到的孩子，我们可否别把他们的这种行为太当回事呢？

一、对迟到的学生高抬贵手

不久前，我在“人教论坛”上看到一篇叫“‘糊涂’艺术”的帖子，意思是说：有一个平时不曾迟到的学生迟到了，老师没“按惯例”批评他，而是让学生主动向老师认错。就迟到这件事来说，这位老师能因材施教，说明他比较讲究教育艺术。但一个“按惯例”却让我有一股想为迟到的学生说几句话的冲动。

我常见到迟到的学生挨批、挨罚，甚至有整节课站在教室门口的。每当此时，我就会走上去，提醒老师先让学生回到座位上，等下课后再问明原因。其实，好多迟到的学生都是不该受罚的。这里试举几例。

有这么一个学生：上学常迟到，上课常走神，瞌睡虫常伴，吵架家常饭。搞得我心烦意乱，跟他谈话也问不出个所以然。所以我只能进行家访，找“病因”去。果然，“病因”找到了：该生家有三层楼房两栋，却没一个地方可供他安静学习和休息，因为所有地方不是有人在修理旧电器（家里在做这方面的生意），就是有人在打麻将，而且是通宵达旦。也就是说，这个学生根本无法像其他同学那样得到足够的睡眠时间。这就不难理解，他为什么常迟到、为什么不能集中精神、为什么烦躁不安了。

还有这样一个女生：几乎每天上午都迟到。每当她气喘吁吁地出现在教室门口时，同学们都会向她投去同情的目光，而我则会暗示她到座位上站一会儿（这可不是“罚站”，而是为了给其他同学一个交代）再坐下。因为全班同学都知道，这位同学能来上学已属不易。其父经营餐饮生意，以缺人手为由，多次要其退学，是我多次上门跟他“唇枪舌剑”，在我答应他“女儿每天早上四点半起床帮忙做生意到上午近九点”的条件后，他才勉强同意让女儿上学的。

试想，如果这样的学生迟到了还要挨批挨罚，那会是什么样的后果呢？

以上两例都是由家庭的原因引起的，造成学生迟到的原因还有很多。例如，我曾碰到过这样一个学生：常常上午、下午都迟到，问其原因，只是摇头；问家长，说是早早就上学了。这究竟是为什么呢？后来，通过与他多次谈心，才好不容易让其开口。原来，这名学生早来学校时，班里有几个同学总爱捉弄他，不是要他出去买零食，就是要他代抄作业什么的。这名学生老实巴交，不敢说什么。有一次，他鼓起勇气想要告诉我，却因为我当时没空而退却了，又不敢将实情告诉家长。无奈，他只能选择从家里出来后，到街上漫无目的地逛一圈再上学了。我既为自己未能及时发现问题而愧疚，也为没有随便责怪迟到的学生而庆幸。

以上例子足以说明，迟到的学生大都是事出有因的，是可以谅解甚至值得同情的。就算学生因晚睡晚起而迟到，那至少也有家长乃至老师的责任吧。所以，我想对同行们说：“老师，请您对迟到的学生高抬贵手！”

（摘自人教论坛，刘荣海）

二、安全第一

学生迟到了怎么办？学生连续迟到四次，怎么办？

十年前，我会罚站。

因为当时学校有规定，如果学生迟到了，要在校门口登记，被登记的班级会被通报。年级也要进行考核，有学生迟到被登记在册的，班主任考核是要扣分的。

还记得，第一次迟到就罚站 10 分钟，站在教室的后面。如果连续迟到，第二次就增加罚站的时间，每次增加 10 分钟，到最后就是一节课了。

现在回头来看，我不知道为何心中会有一种说不清道不明的感觉。“学生迟到，而这样惩罚他们，还不是因为老师自己有私心？班主任会因为学生迟到而被批评和扣分，这直接关系到自己考核的结果。”“老师是用自己的私心在绑架别人，是用别人的无辜来满足自己的一点儿私欲而已。”

最近几年学生迟到，我开始问问原因，并提醒他们注意上课的时间，毕竟迟到对他们个人形象和班级形象的影响都不好。如果知道会堵车，那就尽量提早几分钟出发，将堵车的时间考虑在内。这样对以后的成长也有好处。

而现在，还是有个别学生会经常迟到。除了提醒他们提前出发，我会单独找他们谈谈，询问最近是否遇到了问题，是否需要老师的帮助什么的。

现在学业负担太重，很多学生，特别是毕业班的学生，每天睡眠不足七小时，加上其他原因（特别是交通拥挤），早上迟到在所难免。

在班级点评迟到现象的时候，我说：“如果迟到了，骑车的同学不要太着急，也不要太赶。越是着急的时候，越要小心，注意行车安全。你不去撞别人，还需要小心别人撞你。大家在那个时候都着急，特别容易出车祸。因为火气大，还容易发生口角，甚至产生冲突……”

我谨记：安全第一。

（福建省福州市第十六中学　段振富）

三、“最受欢迎的教育方式”

1999 年 10 月，联合国教科文组织下属的一个工作机构在日本东京组织了一次国际中小学教师、学生联欢活动，共有 20 个国家和地区的 410 位教师、学生参加，其中教师 208 人，学生 202 人。我国从北京、西安、上海选派了 9 名教师和 9 名学生参加了这次活动。

联欢活动中有一项活动是评选最受欢迎的教育方式。

大杰克和小杰克是孪生兄弟，都是 14 岁，正在学校读书。他们家离学校比较远，家长给他们配了一辆轻型汽车作为交通工具，让他们开车上学、回家。这兄弟俩由于晚上贪玩，好睡懒觉，经常迟到，虽经多次批评，还是我行我素。有一天上午考试，尽管老师事先警告他们不许迟到，但他们因在路上玩耍，还是迟到了 30 分钟。老师查问原因，他们谎称汽车在路上爆胎，到维修店补胎耽误了时间。老师半信半疑，但没有发作，让他们进教室后自己就悄悄到车库检查他们的汽车，发现四个轮胎都蒙着厚厚的灰尘，没有被拆卸的痕迹。很明显，补胎是他们编出来的谎话。

问：假设你是杰克兄弟俩的老师，你将怎么处理？

经过分析整理，主持人从 208 份教师答卷中归纳出 25 种处理方式。主要的方式如下。

中国式处理方式是：一是当面进行严肃批评，责令写检讨；二是取消他们参加当年各种先进评比的资格；三是报告家长。

美国式处理方式是："幽他一默"——对兄弟俩说："假设今天上午不是考试而是吃冰淇淋和热狗，你们的车就不会在路上爆胎。"

日本式处理方式是：把兄弟俩分开询问，对坦白者给予赞扬奖励，对坚持说谎者严厉处罚。

英国式处理方式是：小事一件，置之不理。

韩国式处理方式是：把真相告诉家长和全体学生，请家长对孩子严加监督，让全班学生讨论，引以为戒。

新加坡式处理方式是：让他们自己打自己的嘴巴十下。

俄罗斯式处理方式是：给兄弟俩讲一个关于说谎有害的故事，然后再问他们近来有没有说过谎。

埃及式处理方式是：让他们向真主写信，向真主叙述事情的真相。

巴西式处理方式是：半年内不准他们在学校踢足球。

以色列式处理方式是：提出三个问题，让兄弟俩分别在两个地方同时作答。三个问题是：你们的汽车爆的是哪个胎？你们在哪个维修店补的胎？你们付了多少补胎费？

…………

之后，活动主持者把25种处理方式翻译成几种语言文字，分送给参加活动的202名学生，请学生们评选出自己最喜欢的处理方式。结果，91%的学生选择了以色列式处理方式。

以色列式处理方式为什么受欢迎？因为它的批评教育带有游戏性质，学生不怕、不难堪。

（策划　黄严磊　班主任之友杂志社）

第三章
那些迷恋网络的学生

很多孩子迷恋网络。他们对学习不感兴趣，对上学感到厌烦，也找不到更有趣的事情去做。面对足以帮助他们忘掉烦恼的网络，他们常常会迷恋其中，难以自拔。

第一节　学生为什么会迷恋网络

一、分析学生迷恋网络的原因

学生迷恋网络是被逼上梁山的，他们在学习和生活中所缺少的，或者没有得到满足的，在网络中能够得到。

那么，他们在网络中找寻的是什么呢？

（一）寻找成功

由于功课繁重，很多学生经历着分数上的失败，而网上的过关晋级能够给他们带来成功的喜悦，满足他们的成功需要和超越需要：与自己过去相比，成为了“新”的自己；与他人相比，超越了别人，自己的人生价值在网络中得到了体现。现实中的自己永远是个“落后生”，网络中的自己却是一个“超人”，所以能上网成为一些学生的期盼。

（二）寻求平等

在现实中，家长、老师和分数高的同学高高在上；在网络中，大家是平等的参与者。网络中的平等能够给人带来新的精神状态，满足学生平等的需要、尊重的需要。

（三）寻找自由

在现实生活中，在家里，很多家长不允许孩子离开自己的视线；在学校，很多老师除了学习外，这也不准，那也不准，学生活动的自由被限制甚至被剥夺。网络世界中，没有了老师，没有了家长，也就没有了限制。

（四）寻求快乐

上网能够带来眼、耳、舌、皮肤等感觉器官的刺激反应，动手动脑能让人产生快乐兴奋的情绪，过关晋级可满足成功的需求。而在孩子眼中，学习是件痛苦的事，上网是件快乐的事；在家是孤单的，在网上是快乐的。

（重庆市江津中学　金显安）

二、关注警告信号

一旦孩子网络成瘾，要想戒除是非常痛苦的。所以，要及早发现孩子过度使用网络的苗头，预防孩子网络成瘾。一般来说，如果学生过度使用网络，会出现一些反常的行为表现。

（一）过度疲劳

与以前相比，学生是否早上难以按时到校？上课注意力不集中或无精打采、昏昏欲睡的迹象是否在增多？学生睡眠习惯的改变经常是上网时间过多造成的。

（二）学业问题

学生是否还像以前那样能够按时完成作业？和以前相比，学生做作业是否不再那么认真，而是变得匆忙、草率了？学习成绩是否突然下滑了？

（三）对其他爱好失去兴趣

是否对原先非常感兴趣的活动不再那么喜欢了？如原先喜欢的钢琴不弹了，原先喜欢的体育运动也不参加了。

（四）与朋友关系疏远

是否开始疏远其伙伴了，他们的交流、沟通是不是也不如以前了？不管是害羞还是开朗、合群的孩子，一旦被网络迷住，他就会拒绝同其他孩子一起去逛街、看电影和参加其他活动。随着对“电脑兄弟”或“电脑姐妹”形成某种感情上的依赖，他们与“身边人”会越来越疏远和难以沟通。

（五）不服从和行为出格

学生是否比以前更爱发脾气了？原先很听话的学生现在是否开始挑战你的权威了？当我们问及学生上网情况时，他很可能会生气地说：“我只是玩玩！”有时他会大声喊叫并发脾气来抗议你的干涉。你制定的规矩，孩子也不听，仍会偷偷摸摸地去上网。

如果学生表现出以上三种或更多警告信号，就表明他已经有网络成瘾的迹象了。一旦孩子网络成瘾，我们不必过于惊慌，不能采取简单、粗暴的方法责骂孩子，而应该冷静地想想自己的教育方法是否有什么不对的地方，反思一下自己的教育方式，然后采取一些合理的干预策略，帮助孩子从网络成瘾中走出来。

三、不要轻易判定孩子有网瘾

【案例】

家长李先生一到暑假就坐立不安，因为放假时，上初二的儿子强强每天总是要玩会儿电脑。为怕儿子染上网瘾，李先生从孩子坐在电脑前就开始紧张，一直在房间内走来走去，对孩子絮絮叨叨。后来，在电脑上设置了密码，甚至拔掉了网线。强强非常气愤，干脆偷偷跑到外面的网吧去上网。

今年高二的小莉喜欢上网和网友聊天儿，倾诉心事。虽然每个星期只上两次，时间都不超过两个小时，但是小莉妈妈特别担心她在网上“遇到坏人”，小莉一打开 QQ 开始聊天儿，妈妈的唠叨就随之而来。小莉无法忍受这种监控，久而久之，和妈妈之间的话越来越少，对其态度越来越冷淡。

【评析】

在只有学习的日子里，孩子花一两个小时在网上有什么错？有些老师和家长太功利了。他们总喜欢直接把上网与孩子的学习挂起钩来，怕影响学习，怕成绩下降。现在最需要做的不是去禁止孩子上网，而是重新摆正自己的观念。孩子读书的同时，也需要快乐和休息。上网只是孩子苦学之余的放松。（华东师范大学心理咨询中心　叶斌）

【解读】

任何时代，都有孩子因为迷恋各种东西而影响学业，耽误前途。我国古代，曾将围棋称为“木野狐”，因为有孩子就像被野狐狸勾走了魂魄一样迷恋下棋，不读书，脑子很好用，就是考不中科举。20 世纪 70 年代电视兴起时，人们讨论电视节目中的暴力，80 年代时讨论电子游戏，90 年代时讨论计算机……

勤于阅读的人叫作书虫，那为什么一把阅读搬上网络就立刻成了问题呢？同样，什么电影都看的人是影迷，片刻不能没有音乐的人是乐迷，老坐在电视机前的人则可称作电视迷，或许他们的生活不够健康，时间管理也不够明智，但我们绝对不会用看待网瘾的方式去严肃处理他们。

孩子沉迷于某样事物，变得不听话，并且耽误学习，其实，这是一件再正常不过的事情。网络并不特殊，它不过是在这个时代里孩子能接触到的最好玩的东西而已。

四、孩子网瘾的五个真相

（一）家庭因素决定是否成瘾

如果夫妻关系和亲子关系比较融洽，孩子通常都会健康成长，这样的孩子是不太容易出现网瘾问题的。夫妻关系不和睦，父母与孩子之间没有良好的相处模式，往往会促成孩子成瘾性人格的形成。通过对接受治疗的孩子的分析发现：排名第一的伤害是父爱的缺失，排名第二的是父母的教养方式兼有溺爱和控制。

（二）网瘾孩子其实是痛苦的

所有的成瘾都是人感到痛苦后，想要找个东西依附，或者是依附人，或者是依附物。所以有的孩子选择烟酒，有的孩子选择早恋，还有的孩子选择网络。他们通过这种依附来麻醉自己，逃避学习上、生活上的压力和痛苦。

其实，整天什么都不做就上网，孩子也知道是不正常的，是落后于同龄人的，所以迷恋网络对孩子来说也有一定的压力和痛苦。

(三) 透支快乐后行为极端

兴奋时，大脑会大量分泌一种让人快乐的物质，久而久之形成了一种奖赏系统：你兴奋，就给你快乐做奖赏。但这种让人快乐的物质不能源源不断地分泌，上网时，长时间的兴奋会把它消耗掉，所以下网后，人就更不容易感觉到快乐，总是心烦意乱。也就是说，正向强化和负向强化是同时存在的，上网让快乐更快乐，让痛苦更痛苦。

网络成瘾后，每天的上网时间都很长，这种让人快乐的物质就会透支，感觉也会渐渐从兴奋变得麻木。透支到最后，孩子无论上网与否都不快乐，生活态度会渐渐变得悲观、黑暗，甚至出现暴力倾向、心理变态。

(四) 网瘾体现了学生的需求

沉溺于网络的学生，不是喜欢上网聊天儿，就是喜欢玩网络游戏。

网瘾能反映出学生早年的欲望，童年时没有得到什么，大了就会下意识地去弥补。比如小时候没有伙伴，大了就会倾向于在网上聊天儿交友；小时候有许多没有实现的幻想，大了就会倾向于玩角色扮演的游戏，在游戏里成为魔术师、战士。

上网聊天儿能满足孩子未得到满足的情感交流需求，在游戏里能找到现实中没有的成就感、满足感、归属感、操纵感。

(五) 初一、高一和大一是学生网络成瘾高危期

在初一、高一和大一这三个阶段，学生的学习、生活环境有很大改变，他们容易出现不适应，容易以逃避现实的方式去面对。家长往往不注意观察孩子的情绪和心理需求。很多孩子都是初一、高一和大一开始网络成瘾，等到初二、高二和大二成绩下降了，家长才意识到孩子的网络成瘾问题。

五、不要简单地把孩子当“病人”

目前，常见的治疗网瘾的方法，总体上难有理想的疗效。

医学治疗。把网瘾当成一种精神疾病来治疗。采用医学的治疗方法，经过一段时间的药物封闭治疗会有明显的作用。然而，这部分人只占网瘾人数的一小部分，况且生理缺陷并非网瘾形成的唯一原因。这种治疗是把孩子当成一个有问题的病人，甚至是精神病患者来看待，会对孩子造成很大的心理创伤。

隔离治疗。强制性将孩子与网络隔离。这种方法对中度以下的患者有一定作用，但对那些网瘾很深的孩子，采用这种方法有一定的危险性，可能会导致孩子情绪不安，而做出某些出格的事情。

心理治疗。首先要找出孩子迷恋网络的原因，以及因迷恋上网而受到的损失，和孩子进行沟通，将原来的上网时间错开，打乱其原有的心理秩序；上网前和下线时进行心理暗示（如“上啦，这段时间是我的”、“下啦，还有重要的事等着我呢”）；每天让孩子和家人、朋友交流 15 分钟；通过各种渠道倾听对网络迷恋持否定态度的声音；寻求替代性爱好，如参加各种体育或户外运动。这种治疗需要医术很高的心理医生配合。

洗脑治疗。通过参加特殊夏令营的形式，为孩子营造一个氛围，给孩子举办很多有意义的活动，让孩子觉得上网过多对自己是有害的，从而在情感上疏远网络。然而，一旦离开特殊的环境回到现实中，那些过去导致网瘾的诱因是否会再触发网瘾，仍然是一个问题。

制度治疗。比如，有人认为可通过技术因素限制上网时间。但相关调查表明，六成网瘾少年认为上网行为管理软件不能够帮助他们更好地控制上网时间。又如，新闻出版总署公布的《网络游戏防沉迷系统开发标准》，确定连续在线 3 小时以内的游戏时间为“健康”游戏时间；超过 3 小时就进入“疲劳”游戏时间，此时间段内如玩家继续玩游戏，其经验值和虚拟物品收益将被减半；连续游戏时间超过 5 小时进入“不健康”游戏时间，此段时间内玩家的收益降为零。然而，如果使用者连续下线休息时间满 5 小时，再上线时即可重新计算上线时间，这种治疗效果同样有限。

上述所有治疗方法有两个共同的特点。

第一，把所有焦点都放在了孩子身上，把孩子当成了有问题的人。事实上，网瘾产生的原因在于孩子不能感受到更多成功，得到更多认可，而这更多的是家庭、学校和社会的责任，而不是孩子本身的责任。

第二，没有区分做事动机和做事内容的关系。当把上网的动机和内容混为一谈的时候，就会出现两种情况：一是症状暂时消除后，还会复发；二是当症状彻底消除时，人的求胜、求认可的动机也一起消除了，“疯子”变成了“傻子”。

结论：网瘾只是一种习惯，而不是一种病症。

第二节　面对网瘾学生，教师能做些什么

面对有网瘾的孩子，理智的态度只有一个：敢于引导，善于引导。

一、相似接纳法

为了取得网瘾学生的信任，老师可了解一些游戏的最新信息，热门的网络游戏可以都学几招，可以陪学生一起聊聊游戏，必要时，可和学生一起玩游戏。取得他们的认同，就能真正走近他们，了解他们，找出他们沉迷于网络的真实原因。

【案例】我和学生一起打游戏

我喜欢在假期里与学生通过 QQ 聊天儿。但这不是建立在强行加学生为好友这个基础上的。一般情况下，我在接手一个班的时候都会将自己的 QQ 号公开。学生本着自主自愿的原则加我为好友。一旦他们加了我，我就会很珍惜。将心比心，理解万岁吧！一个“90 后”的孩子能加一个比自己大那么多的老师为 QQ 好友，确实需要勇气。就凭这份勇气就值得我去珍惜。因为珍惜，所以投入。因为投入，所以无意间解开了很多班级工作的难题。

“老师，联网打游戏?”

“可以，但我只会踢‘实况’。”

“真的? 从来没和老师打过游戏。虽然‘实况’我不怎么在行，但打一局怎样?”

“0:3，老师，我输了。没想到你踢得这么好。服了，在我最引以为傲

的游戏世界里我竟然连个班主任都打不过，太没面子了。”

“别灰心，只是我一直只玩这一款游戏，熟能生巧罢了。你已经很厉害了。”

“我爸妈对我打游戏深恶痛绝。您却支持我打游戏。”

“我不是支持，是尊重。人是独立的。你有你的选择，我尊重你的选择而已。”

“那您说说我在踢‘实况’方面有什么问题?”

“嗯……一是没有固定的章法，胡乱换人；二是盲目相信强队的战斗力，没有自己的风格；三是过分依仗球星，忽视了足球是一项集体运动。”

“汗，果然是‘职业玩家’。”

“不能这么说，我只是把游戏当作我的爱好。累了就打一打放松一下，对游戏没有过度的依赖。无欲则刚吧！不带功利性地去做一件事，可能结果就好一些，效率就高一些，没什么大不了的。更关键的是我比你玩这款游戏的时间长得多。你现有的水平比我跟你一个年纪的时候好多了。”

“我玩游戏就是杂，什么新玩什么。主要是无聊，想找刺激。结果哪个游戏都没玩好。越是玩不好，越想玩。”

“做事要专一。凡事只要达到了一个高境界，道理都是相通的。希望你能享受真正的游戏乐趣。”

“什么是真正的游戏乐趣?”

“我觉得就是让人放松。但这个放松要有度，人不能任何时间都放松，要是那样，人成什么了？树懒还要去觅食呢。”

“您真搞笑，我差不多懂一点儿了。再见！有时间再约您踢‘实况’。”

“有时间的话一定奉陪，但只限假期。我奉行‘工作是工作，生活是生活’的原则。”

这是一个沉迷于游戏的孩子。接手这个班的第一天，我就注意到了他，他几乎每节课都趴在桌子上。他上课时间根本就没有精神的时候，下课就看游戏攻略。其他学生跟我讲，之前的班主任都拿他没办法。班主任找了多次家长，都无济于事。不但家长工作没做通，他们反而相互指责，认为是对方在纵容孩子，最终还在班主任的办公室里吵了起来，搞得后来班主任都不敢叫家长。在这次通过 QQ 聊天儿之前，我也找他谈过话，但主要是围绕宿舍纪律问题和手机问题。他显得无所谓。我觉得教育、引领这个孩子不是一两次谈话就能搞定的，所以就没有再找他。而且我把自己的育人思路以他能接受的方式表达给他了，接下来我们之间的沟通应该会顺畅一点儿……

又是一个星期天，我刚上 QQ……

“老师，救命。我爸妈又吵起来了。在客厅吵得好凶，我妈说，要是我爸再管不住我，就帮我转学。”

“这是家事吧？小伙子。清官难断家务事哦。父母之间的事，小孩子调解一下就好了。老师参与恐怕不合适。”

“就知道你不会管我，我爸妈都对我绝望了，说我没有上进心，再不改过来以后肯定没出息。其实我这几周挺好的，上课也没怎么睡觉，到学校都没带手机。”

“没睡觉这个确实是的，我看见了，值得表扬。但手机你还是带了吧？宿舍管理员发现你 12 点多还在用手机，让你上交你又不肯。是游戏没过关还是在升级关键点啊？”

“您别说这些了，我都认了，行了吧？帮个忙，出个主意吧！我还不想转学，刚对学校产生了点儿感情。”

…………

“其实，我觉得我挺对不起我爸妈的。他们吵架完全是为了我。”最终他说出了自己的愧疚。

“你小子总算有点儿良心。冲你这份心，我给你出一招儿。”

五分钟之后，我拨通了他父亲的电话：“前一段时间，孩子犯了一些错误。经过说服教育，大有改观。希望您和孩子妈妈能来一下学校，我们坐下来一起研究一下下一步如何在孩子的教育问题上形成合力。不知道你们是否有时间？”

“有！”孩子妈妈抢过电话说。

第二天上午，孩子家长来到学校，我将孩子也叫到办公室。大家一起坐下来，聊了很久。我把孩子这几周的进步结合前一段时间的表现告诉家长，并坦诚交流了自己对孩子以及家长的建议。孩子在这个过程中，大部分时间是低着头的，只是偶尔抬头对我给予他的评价表示赞同。这次交流很顺利，家长与老师达成了一致意见，即给孩子一段缓冲期，这期间班主任和家长在给予孩子充分尊重和放松时间的前提下明确要求，提出阶段性目标。

在送走家长之后，这个孩子再次回到我的办公室对我说："我不知道自己该说什么，但是我明白该做点儿什么了。谢谢!"

"人在做，天在看。只要用心，没有做不好的事情，天道酬勤。"我鼓励他说。自己的努力终于见效了，我由衷地感到高兴。

（广东省中山市华侨中学　张岩）

二、危害认识法

只有意识到网瘾的危害，才能产生"脱瘾"的意愿。每个人网络成瘾的原因都不一样，所以一定要找准切入点，击中要害。

【案例】手机被没收后

一周多的时间，小怡上课总是萎靡不振的样子，作业或乱写一通，或偷工减料，或迟交不写。我知道，她的种种反常表现，都源于我没收了她的手机。我看在眼里，急在心里。

怎么办？我曾想过直接把手机还给她，否则，我倒成了斤斤计较的小人了。转而一想，不对，就她这德性啊，根本没有真心改过的想法，屡教不改，得好好地治治她，说不准还能杀一儆百呢。

经过调查，她竟然常用手机进一个黄色网站。问题严重了，看来要根治小怡这个坏毛病，仅靠我这男教师单枪匹马是不方便的，得搬救兵。于是，我立即通知小怡的妈妈来学校，把事情的原委向她及学校心理咨询室刘老师细说了一遍。刘老师先单独跟小怡聊了近两节课。而后，我连续三天抽空把从网上下载的网络对青少年的危害的几个典型案例讲给她听。她听着听着，偶尔抬起头问我是不是真的，偶尔显出哭笑不得的样子，偶尔欲言又止。从她面部表情的一次次变化中，可以看出这些触目惊心的案例在她心目中所起的警示作用，她似乎明白了什么。

果不其然，三天后，我发现小怡的作业本里面夹着一张纸条，上面写道：“周老师，这几天，从您跟我讲的这些发人深省的案例中，我真正认识到了网络对青少年的危害。我发自内心地向您保证：‘从今以后，我再也不带手机了，更不会玩手机了，请您相信，我会用自己的行动来证明我所说的一切。小怡。’”

此后，小怡的学习态度和生活表现的确不同了，尤其是月考成绩明显提高，路上见到老师也能主动打招呼了。哈哈，看来功夫没白费，我的心情轻松了许多。

借家长会之机，我特意安排小怡和班长给家长倒茶，负责让家长签到、发成绩单，她乐意地接受了任务，而且做得很到位。家长们都向她投来赞许的目光，她露出了久违的笑容。我趁机把她领到教室外面，轻轻地拍了拍她的肩膀，把手机还给了她：“好样的，老师相信你！”小怡流泪了。

小怡变了，真的变了。中考前的三个月里，她不仅没有玩手机，而且上课更专注，表现更阳光了。值得一提的是，中考时她居然以班级前五名的成绩考进了重点高中。

（湖北省黄石市下陆中学　周国强、余显信）

三、递减控制法

戒除网瘾需要一个过程，不能急于求成。可以这样做：第一周，每天上 5 小时网；第二周，每天上 4 小时网；第三周……如此递减，直到减少到不影响正常的学习、生活为止。

【案例】慢慢改变他

林网瘾很大，每个周末他都因为上网而迟到。因为住校不能随便出校，所以他总是忍不住要请假出校上网。为了请假他各种理由都找了：母亲住院、爷爷病故、生病……无论什么理由，我都通知家长，家长同意准假就放行，家长不同意就不准假，他没想到老师竟然经常和家长联系，让他的谎话不攻自破。

有一天他实在忍受不住了，竟自己将头发剪成一个花脑壳，然后跑到我面前说："老师，你看我的头发，这样我怎么能在学校见人嘛！你就让我出去理发，只需要半个小时。"看到他发疯的样子，我想这样僵持下去，不让他发泄一下，不知道他会在学校闹出什么事端。想好后我给他家长打电话，家长说："老师，您就让他出去理发吧！"

半个小时后，不见林的踪迹，一个小时后、两个小时后还是无影无踪，这孩子就像脱缰的野马，要是在外面闹出事来怎么办啊！眼看五六个小时过去了，看来林今天是不准备回学校了，我急忙给其父母打电话，他的父亲说："老师，不要着急，他也是十几岁的人了，怎么会出事呢？在家他经常几天不回家，我们已经习惯了。"

家长这样说，我只好一个人一家一家网吧找，直到晚上上自习时，学生张说："老师，林和我电话中说，要您不要找他，您也不会找到他的，其实他看到您了。他说要您放心，只要上网玩够了，就会回来的。"

一连几天不见林的踪迹，给其父母打电话，他父母要么不理睬，要么推说家远，让我放心。

我只好带领和林关系好的几个学生到处找，所有的网吧都找了，仍然一无所获。

眼看一周过去了，周一，林突然低着头站到我面前，我望了他一眼说："上课去吧！你太小了，不知道无故不到学校让老师多担忧哇！""老师，您惩罚我吧，无论您怎么惩罚我，我都无怨言！""只要回来了就好，能安全回来上课，就是对自己负责的表现，光凭这一条就不应该受到惩罚，而应该受到奖励呀!”林惊讶地望着我，默不作声地上课去了。

以后每次林还是请假出去上网，我说：“不要让老师为你担心，不要一去就是几天!”“老师，我这次只去三个小时!”“好吧！你去吧！早点儿回学校，不要忘记了老师还在学校牵挂着你!”林给我深深地鞠躬后走了。这样持续了几个星期，我对林说：“在校外上网不安全，以后你就利用休息时间到办公室来上网吧！就用我的电脑!”林愉快地答应了，我说：“许多时候我也要办公，你的时间不能多!”“老师，我用一个小时就够了!”这样，每次林都到办公室上一个小时的网。

林在办公室玩网络游戏，我就坐在旁边办公。有一次，我说：“林，你说人脑厉害，还是电脑厉害?”“肯定是人脑厉害，电脑都是人脑想出来的。”“不对，那要看什么人。对我来说，电脑再厉害也控制不了我的精神世界，电脑只能为我服务。但对你来说就不一样了，电脑控制了你的精神世界，你被迫围绕着电脑转，许多时候我就想不明白，电脑怎么就能让人脑夜不能寐，左右人脑，让人成了电脑的奴隶呢?”林不说话了，过了一会儿他关上电脑到教室去了。

后来，在办公室不再看见林玩电脑的身影了，我对林说：“如果控制不住自己，还是到办公室去玩玩，免得忍不住又要去外面上网吧，多不安全!”“老师，我想通了，您说得对，电脑怎么能控制人脑？我不想让电脑控制住，以后我决心不再玩网络游戏了，和您一样，让电脑为我服务!”

许多时候孩子迷恋上网络，与其对其控制、堵截，不如顺其自然，先让他玩，再慢慢地控制玩的时间，然后利用适当的机会加以劝说，这比老师、家长采取强硬的措施效果要好得多。

（湖北省秭归县第二中学　董建华）

四、需求替代法

网络成瘾，往往是因为可以在虚拟世界中获得现实生活中无法体会的满足感。可以组织各种活动，让网络成瘾者多参与，不时给予他们各种鼓励，让其在现实中获得肯定。

【案例】“网迷知返”四妙招儿

最近，学生周记中出现最多的是玩网络游戏。

小贤：想到最喜欢的“QQ 堂”，我迫不及待地打开电脑。游戏开始了，我先打开了通道，吃掉了好多东西，接着直奔对方的包房，可是一出来就被“炸死了”。很快复活后我又勇猛地闯领地、抢包子，我放了好多泡泡，炸死了无数个敌人，最后我队胜利了，我高兴极了。

小宇：我以“迅雷不及掩耳之势”跑进电脑室，快速打开电脑，玩起了“奇迹世界”！我组了队，走进“血色之塔”，开始了激烈的战斗。刚兴致勃勃地进入第二局，爷爷进来告诉我：“你已经玩了三个多小时了，可以了吧？”不知不觉三个小时过去了，我还以为不到一个小时呢！

小欣：我第一次玩的网络游戏是“地下城与勇士”，一开始我很菜，连怎么控制都成问题，便去“地下城”的官网上查玩法。现在我已拥有“剑圣 52”，也算得上是高手了。我现在正在玩“魔道 47”，我觉得“魔道”的招式很多、很爽，大招儿又好看又多血，而且“魔道”刷塔超快，20 级的招儿一放，怪物的血飞速减下去，我认为“魔道”还是比较好玩的。

其实，从周记里还可以看到，学生们都知道玩游戏不好，并且深受其害，但就是控制不了。

小旭：我越陷越深，如果一天没玩，便坐立不安，甚至乱发脾气，每天晚上的作业总是草草了事，学习成绩直线下降，整个人变得恍恍惚惚的。

小强：虽然我坐在教室里听课，可心早已飞到家中的电脑上，脑子里想的是如何攻"下一关"的问题。为了早点儿回家玩游戏，甚至忘了值日工作，忘了家庭作业。

小翔：到现在为止，我耗费在玩游戏上的钱已经有几百元了。

小旭：长时间玩游戏，我的视力下降了，由原来的2.0降到了0.5，成了大家嘴中的"四只眼"。

小然：玩过游戏后我总感到脑子昏沉、精神倦怠、腰酸背痛、眼睛干涩、手腕发酸，像大病了一场似的。为了玩游戏的事，我经常和爸爸、妈妈闹别扭，还惹得他们经常吵架，原来的和谐、快乐彻底从我家溜走了。

为了让孩子们迷途知返，早日从游戏中解脱出来，充分利用电脑、网络为自己的学习服务，我采取了以下四个妙招儿。

1. 课堂五分钟——小讲坛，大惊喜

周五放学时恰好遇到小萌的妈妈（学校同事），她委婉地告诉我最近班里的孩子玩网络游戏的特别多，像小萌这样的好孩子，这段时间回家后交流的话题也都是关于网络游戏的——"梦幻西游"、"QQ堂"、"QQ自由幻想"、"地下城与勇士"、"冒险岛"、"彩虹岛"等等，津津乐道的不是小翔的"赛尔号"玩到了100级，就是小新的"牧场"、"农场"、"餐厅"是同学中级别最高的，其拥有的金币也最多。她想让小萌率先动手制作幻灯片，利用预备铃响后的五分钟把自己读过的成语故事通过幻灯片展示给大家，这样既可以锻炼孩子的电脑操作水平，又能让他们渐渐脱离游戏，把精力转到读书上。我不由得眼前一亮，拍手叫好。于是商定让小萌利用周六、周日做好，周一进行展示。

终于盼到了周一，一大早我就把笔记本电脑抱到了教室，小萌把幻灯片拷到电脑上并调试好。一打上课铃，小萌便自信地走上了讲台，在一阵阵惊叹声中，小萌熟练地打开一张张制作精美的幻灯片，娓娓动听地讲起了她最近读过的成语故事《邯郸学步》以及读后的感受。故事讲完后，小萌还给大家讲述了自己制作幻灯片的经历，希望大家把玩游戏的时间转到读书上，合理利用电脑，让它成为自己学习的好帮手；同时也欢迎大家积

极到她那里报名，有不会的她给予指导。大家掌声热烈，一致同意小萌担任这项活动的负责人。

在小萌的精心组织下，“五分钟讲坛”异彩纷呈，网游在班里影响越来越小了。

2. 射“人”先射“马”——小网迷，大转变

班里学生大多参加了“五分钟讲坛”活动，但我最担心的网迷小瑞却始终不见动静，照样我行我素，他的那帮粉丝也时常围绕在他左右，游离于这一活动之外。如果他能参与进来，肯定能带动更多学生。

从他最好的同伴小旭口中我了解到，小瑞最喜欢枪，看得最多的是关于枪的书，平时在家里摆弄得最多的也是他珍藏的各式各样的玩具枪。我眼前一亮：如果让他把最喜欢的枪做成幻灯片，并配以文字介绍，他肯定感兴趣。说做就做，放学后我把他单独留了下来，拿出事先准备好的一把新式玩具枪，他看到后两眼放光，兴奋地说：“老师，没想到您也喜欢枪，这可是我的最爱。我家里什么样儿的都有，而且我对它们的性能了解得清清楚楚。”我接过他的话说：“既然你这么喜欢，又这么精通，何不把它展示给大家看一看?”“老师，可以吗？我行吗?”“你一定行，老师看好你，支持你。”为了防止他因难而退，我给他提供了合适的幻灯片模板，并把插入图片、文字的方法，放映的方法一一教给了他，并让他演习了一遍。他信誓旦旦地说：“老师，今天放学写完作业我就做，保证做好，让您和大家满意。”看着他的背影，我欣喜地笑了。

第二天，他果然不负所托，精美的幻灯片、流利的讲述赢得了大家的赞赏。那各式各样的枪也引发了男孩子们的兴趣。大家纷纷说：“原来他不是光会玩游戏。”事后据他妈妈说，那天晚上他忙到十点钟，那些讲述他背了一遍又一遍，第二天早上不放心，硬逼着爸妈当他的观众演练了一遍。在他的带动下，他周围的那些小网迷们也纷纷行动起来。

3. 培养上网好习惯——秀小技，展特长

因势利导巧上网，增加学习新趣味。为了引导学生把玩游戏的时间用

在恰当的地方，认识到电脑、网络的正确用途，我决定出第三期班刊，让每个学生用电脑输入自己开学以来写得最好的两篇作文，上网搜集插图，并进行排版设计。当然，我也与信息老师进行了沟通，请他利用信息课教学生申请邮箱、发邮件，并教学生怎样正确使用标点符号、如何排版、如何插图片等。学生兴味盎然，情不自禁地说：“原来电脑不光可以玩游戏，还有这么多的用途。”尤其是看到自己修改补充、插上精美图片后的文章，有的学生竟跳起来说：“这是我做的，我好棒哟!”有的学生说：“这是我做的吗？我真不敢相信自己的眼睛。”

网络延伸课堂触角，提供学习新动力。每学一篇新课文前，我不仅引导学生上网查课文的写作背景、作者的相关资料，阅读作者写的其他文章，了解他的心路历程，还鼓励学生提出自己不理解的问题，并查阅网上别人对这一问题的解答，从而形成自己的见解。这一举措大大调动了学生的积极性，他们的质疑能力、主动探究能力也日渐提高。如在学习《三顾茅庐》一课时，有学生提出了“诸葛亮是‘真睡’还是‘假睡’”的问题，马上就有同学做出了不同的解答；在学习《公仪休拒收礼物》时，有同学不以为然地说：“老师，不过是两条鲤鱼，算不了什么，公仪休竟然拒绝接受，他为人未免太不近情理，行事太小题大做了吧。大丈夫应不拘小节，何必如此斤斤计较?”经过有理有据的争辩，最后大家一致认为公仪休不是小题大做，而是一个光明磊落、廉洁自律的好官。

4.“博客”唱大戏——小舞台，大视野

为了引导大家正确使用网络，把读书、写作与网络紧密结合起来，使上网的第一件事不再是玩游戏，我采用“小作家”小帆的建议，在学校网站开通了五（1）班的博客“心语”。我在序言中写道：“在人生求知的重要阶段，我们需要表达自己被感动的生活瞬间，需要体验清泉滋润心田的美妙感觉，需要记录下成长的点点滴滴。‘心语’是大家展示少年梦想的一个平台，我们给它定位为‘写作并快乐着’。请看小帆的倡议：‘四年级到五年级第一学期，我很喜欢玩摩尔庄园，拥有了很多金币和摩尔豆，浪费了

很多时间，从没得到过老师和家长的表扬。自从学会了在网上发表作文后，我不再沉迷于网络游戏，网上发文既增长了我的习作水平，又得到了网友的称赞，拥有了很多快乐！’班级博客‘心语’成立之际，欢迎大家多多光顾，留下你的足迹，品味其中的甘甜！”

从此，大家打开电脑上网的第一件事不再是玩游戏，而是打开班级博客，比谁发的文章最多，看谁的文章被推荐了。小翔写道：“以前打开电脑关注的是最近又有了什么新游戏，谁的游戏级别超过了自己，而现在惦记的是班级博客上谁又发了什么新文章。在不知不觉中浏览班级博客，欣赏大家的作文已成了一种习惯，竟感觉那些游戏无聊极了，后悔白白浪费了那么多时间。”

看着大家的变化，我为自己采取的一系列措施感到高兴。

（山东省枣庄市薛城区实验小学　徐静）

五、改变环境法

改变网络成瘾学生所处的环境。让家长认识到孩子上网成瘾背后存在的家庭问题，学会多用鼓励的方式与孩子沟通，把孩子“拉”回家，“拉”回正常生活。

【案例】请妈妈也当一回班主任

天宇是高二分科时转到我班的。由于喜欢上网，他的成绩一直没有大的起色。父母对他动辄动手，导致他与家长的关系很紧张。了解到这个情况后，我与天宇做了数次开诚布公的谈心。原来，天宇的父母都在经商，经常在外应酬，很少有时间陪伴他，为了排解自己的孤独，天宇便把自己的兴趣转移到虚拟空间。其实他的内心也很矛盾，他也知道上网浪费时间、分散精力，但每次看到空荡荡的家，心中一种孤独感便油然而生，上网成了他缓解孤寂的“良方”。找到了病根，就要对症下药了。“药方”就是转变他父母的教育理念。在与天宇父母沟通的过程中，我发现他们对于天宇的教育存在很大的误区，总认为只要给他提供足够的物质条件便可以了，加上自己比较忙，而天宇又是男生，觉得平时的沟通也不是很必要，这导致天宇与父母之间的感情逐渐疏远。

恰好期中考试之后学校召开家长会，会后，我郑重地向天宇的母亲提出了一个建议：“能不能安排一个时间，到班里来协助我担任一天班主任?”看到我诚恳地邀请，她同意了。星期一一大早，升旗仪式开始前，天宇妈妈准时来到学校，开始了一天的“班主任生涯”。升旗仪式之后，我陪同她来到班级，在我向全体同学表明她的来意后，全班响起了雷鸣般的掌声。“看来，同学们很欢迎这位新班主任。”在我的鼓励下，天宇的妈妈紧张的情绪渐渐平复下来。“那就请您正式上任吧。”我说完之后，班长将上周的班级量化考核表送到了天宇妈妈手里；学习委员把上周的作业记录本和班级周记送了上来；值周班长将下午主题班会课的提纲拿给她过目……看到她应接不暇的样子，我和她一起去办公室处理相关班务。“还是先批阅班级周记吧，班级周记是班级师生沟通的桥梁，在周记里学生可以畅所欲言，通过班级周记，我了解到了许多学生更为优秀的一面。”听我这么一说，天宇的妈妈迫不及待地翻开了周记本。一篇篇发自内心的文章很快吸引了她。“没想到现在的孩子们思想那么丰富。”她边看边发出感慨。当看到天宇的周记时，她愣住了，原来天宇在周记里倾诉了自己的孤独与内心的矛盾挣扎。“总以为只要给孩子吃好穿好就行了，太忽略他的感受了。”她连连自责。

下午班主任工作的重头戏是参加主题班会课，这次班会课的主题是：“做最好的自己，做最优的集体。”这是期中考试之后，班级开展的一次集总结、表彰、反思于一体的班会课。班会课由值周班长主持，我和天宇妈妈作为特邀嘉宾列席。班会在《我要飞得更高》的背景音乐中，以刻苦学习、小组互助、健康生活、师生情深为主题，通过多媒体展示了一幅幅生动的画面，回顾了半个学期以来各项班级活动的点点滴滴。接着是表彰期中考试优秀的学生，在学生们一次比一次热烈的掌声中，我发现天宇妈妈的眼睛湿润了，她的笔记本上记得密密麻麻，有些话还用笔反复画了重点。班会课结束时，天宇妈妈在全体学生面前表达了自己的感受："今天亲身参与、亲耳聆听了同学们的班会课，让我受到了很大的震撼，我既体会到了你们学习的辛苦，更被你们进取的精神所感动。你们是好样儿的！这个集体是好样儿的！"

一天的班主任历程在晚自习清脆的铃声中告一段落了，当天宇妈妈把班主任工作总结交给我的时候，难掩内心的激动："王老师，非常感谢您给了我这次体验班主任工作的机会。说实在的，虽然并没有做什么实际工作，但是我看到了很多，学到了很多，他们的学习压力真的很大，你们的工作负担真的很重。我一定会抽出时间陪天宇度过最关键的高中生涯，一定配合好学校的工作。"

过了几天，我接到了天宇妈妈的电话，电话那头，她高兴地告诉我，天宇主动开口和她说话了，她现在每晚都会来到学校门口陪着天宇一起回家。我建议天宇妈妈趁热打铁把工作做得再细致一些，比如，周末的时候陪着天宇一起制订学习计划，陪他出去转转，减减压，听听他的心里话，逐渐转移他对网络的依赖等。

经过一段时间的努力，天宇与家长之间的关系渐渐恢复正常，而他的家长则保证每天有一个人在家陪伴孩子，周末尽量谢绝应酬。功夫不负有心人，在以后的时间里，天宇在学习上的劲头越来越足。

（安徽省巢湖市第一中学　王良胜）

第三节　戒除网瘾离不开家校合作

戒除网瘾，绝不只是孩子的事情，老师、家长要和孩子一起面对。家庭是孩子远离网瘾的第一站。

很多人（主要是儿童）喜欢网络游戏，他们依赖网络，沉迷于网络游戏，因此被称为网瘾儿童、网瘾少年。

我个人也反对儿童过于依赖网络游戏，我反对的理由是：那样会耽误正常的生活和正常的学习。儿童把过多的时间和精力用于网络游戏，必定会影响他们的学习成绩，对于这一点，我是相信的。我反对儿童过于依赖网络游戏的更重要的原因在于：真正有游戏精神的游戏不是现代网络游戏，而是躲猫猫、跳绳、射击、骑马、摔跤、格斗、打球甚至玩桥牌等古典游戏。我建议家长让孩子以古典的方式展开学习生活，我也建议家长让孩子以古典的方式展开游戏生活。

但我并不因此而鄙视网瘾儿童，甚至觉得，在中国当下的教育制度中，只有那些有网瘾的儿童，才是真正幸福的儿童。当我这样说时，我的假设是：最幸福的人，是那些有游戏精神的人。如果家长没有引导孩子以古典的方式展开学习生活或以古典的方式展开游戏生活，那么，孩子拥有网络游戏的生活，也好过那种没有任何游戏感的乏味的生活。

家长和老师之所以厌恶有网瘾的儿童，只是因为网瘾会影响孩子的考试成绩。另外，也因为网瘾可能会导致孩子废寝忘食而影响身体的发育。可是，如果换一个标准，以儿童的幸福生活为唯一标准，那么，有网瘾的儿童并不像人们所想象的那样悲惨。相反，那些既没有网瘾又没有别的游戏生活的儿童，他们的童年才是真正的“悲惨世界”。

那些长久地生活在现实之中的成人，看到儿童对那些虚拟的、虚幻的、虚构的网络游戏那么感兴趣，他们觉得不可思议、幼稚。但是，所谓游戏，所谓幸福生活，恰恰就在于这些人是否有能力过一种可能的生活。那些从来不知可能的生活、虚构的生活为何物的人，从来就是不幸的人。而这些不幸的人一旦以自己的现实感为幸福的唯一标准，就会指责、鄙视那些有游戏感的儿童。

儿童之所以对网络游戏感兴趣，恰恰是因为他们懂得虚拟的生活以及类似的想象的生活、观念的生活、可能的生活的魅力和意义。那些有网瘾的儿童，是真正理解、懂得可能的生活、观念的生活、想象的生活的人。

鉴于可能的生活、观念的生活、想象的生活对人类的幸福生活如此重要，可以认为，成人并没有资格教育儿童，相反，成人需要向儿童学习。也许，正因为如此，英国诗人华兹华斯、意大利儿童教育家蒙台梭利才愿意提醒人类："儿童乃是成人之父。"

我个人之所以理解那些网瘾少年，乃是因为我也在过一种类似网瘾的生活。我喜欢现实生活中某些比较美好的事物，包括美好的身体和美好的精神。但是，我更喜欢非现实的观念的生活，比如，一本书、一部电影。我的正常的日常生活就是读书，或者看电影。如果没有讲座任务或教学任务，我每天读书的时间大概在 10 个小时。读书读累的时候，偶尔会看电影。在那些没有阅读兴趣的人看来，长期沉湎于书本，也许是一种疾病。正如他们把长期沉湎于网络游戏，视为一种疾病。

只有喜欢读书的人，才能真正理解阅读的幸福。只有那些有所谓网瘾的少年，才能真正理解网络游戏的欢乐。

因此，我并不认为网瘾有什么不好。我对网瘾少年唯一的建议是：既享受那种纯粹娱乐的、消费的网络游戏，也需要适当考虑自食其力的责任。网络游戏是纯粹的娱乐，它是消费性而非生产性的，它不能带来世俗的功利的产品并以此来养活自己。

如果有网瘾的青少年同时也能在网络游戏中自食其力，养家糊口，我就觉得那样的网瘾没什么不好，甚至很好。如果自己不能克制对网络游戏的依赖，那么，采取一些比较可行的办法。暂时离开网络游戏，也是可以考虑的策略。

总体而言，人们可以把网络游戏看作一种危险或冒险，但不必鄙视这种危险或冒险。大量的幸福生活，恰恰来自某种危险或冒险。

对于那些所谓网瘾少年、所谓网瘾儿童，我的总体建议如下。

第一，不鄙视网瘾，不把网瘾视为疾病，但最好在网络游戏之外，开发其他游戏。不必把自己的幸福生活限定在一种游戏之上。人类已经开发了大量的美好生活和美好游戏，也还有大量的美好生活和美好游戏等待被开发，网络游戏只是游戏之一，不是全部。为了更幸福、更快乐，需要寻找更多、更新的游戏。

第二，每个人都可以选择自己的生活道路，但无论选择何种生活，都必须守住一个底线：成为自食其力的人并因此而成为有人格、有尊严的人。只要一个人能够自食其力，他就是有人格、有尊严的人。

第三，为了实现自食其力的生活，青少年需要适当节制网络游戏的冲动。即便不能成为考试成绩第一名的“状元”，至少需要做到“60 分万岁”。

孩子如果能够完成基本的学业任务和家庭劳动，那么，他就有玩游戏的权利。如果不能自食其力而只是沉迷于网络游戏，这才是可耻的。

家长如果能够在孩子三岁前后就开始带领他远离电视、远离网络，过古典的生活，那么，他的孩子就永远不会沉迷于网络游戏。

如果还有人追问，我们究竟该如何看待网瘾少年？我愿意再次重申：最幸福的人，是那些有游戏精神的人。如果家长没有引导孩子以古典的方式展开学习生活或以古典的方式展开游戏生活，那么，孩子拥有网络游戏的生活，也好过那种没有任何游戏感的乏味的生活。

（华南师范大学　刘良华）

（策划　黄严磊　班主任之友杂志社）

第四章
那些抗拒作业的学生

写作业是学生的天职，不交作业就等同于“渎职”。可是一个班级，总有那么几个“渎职”的学生，一问，不是忘记带了，就是作业本不见了，或者作业太多写不完，甚至还有梗着脖子说就是不会写的……相信每个班主任都会有疑惑：为什么班里总会出现不交作业的硬茬？他们怎么可以找出那么多理由，做出那么多可气的事来搪塞？到底该采取什么样儿的措施来改变甚至转化这类学生？

第一节 学生为什么不交作业

一、学习基础差，不愿意做

学习已经跟不上大部队了，看到作业连题目都读不下去，更何谈完成？这类学生对学习已经渐渐丧失了兴趣，没有了信心，就算偶尔鼓起勇气做一回，写起作业来也是磕磕绊绊，犹如向一座高山行进，很有可能划拉两下，还是把笔一扔，干脆玩去了。

二、作业量大，时间紧

现在不仅是学生在抱怨作业多，很多家长也是怨声载道。可能每一科作业并不多，但各科加起来，作业量就很“可观”了。而孩子白天都在学校，晚上那点儿时间哪够？有家长在天涯论坛里诉苦说，孩子上二年级了，快期末考试了，语文作业特别多，晚上至少得两个小时才能完成。女儿很苦恼，自己也很苦恼。

三、不喜欢任课老师

学生不交作业竟然是因为不喜欢教这门课的老师，这可能吗？可能。如果某个学生其他各科作业完成得还可以，本来这门课的作业也能顺利完成，自从换了某个老师，或者自从跟某位老师发生了冲突之后就不好好写作业了，那可能就是这种情况。孩子毕竟是孩子，他们常常情绪化地处理问题。（摘自王晓春《问题学生诊疗手册》）

四、没有好的学习习惯

这可能有两种情况。一是孩子懒惰任性，管不住自己，看见别人去玩，也不管作业是否完成就跟着同学们一道去玩，等想起作业，时间已经很晚了，干脆放弃不做。二是学生做作业效率低。孩子本身书写速度慢，或是做作业时注意力不集中，本来十几分钟就可以做完的作业，往往一节课还做不完。另外，学生不会合理安排时间，方式方法不当，作业一多，乱了手脚，也难以完成。

五、嫌作业太简单

这种学生经常不交作业，但成绩不差，或者忽高忽低，有时还能考出令人吃惊的好成绩，别人都不会的题，他反而能做出来。如果某天作业难度很大，具有挑战性，他就爱做。这种“吃不饱”的学生不是不爱学习，是我们的教学不能适应他们的知识结构。（摘自王晓春《问题学生诊疗手册》）

六、家长过多干预

将老师布置的作业当“圣旨”的观念在一群新潮爸妈面前已经“OUT”了。超前作业不做、口头作业不做、刻板作业不做、重复作业不做……他们用各种理由拒绝他们认为不靠谱的作业，叫板老师的权威。夏老师布置了一项创新作业——请大家自行设计一份中秋小报，形式不拘。然而，班上有几名学生没有上交。追问原因，一个学生的回答令她很无语：“我妈妈说这是没事找事。”（摘自《武汉晨报》）

七、教师批改作业简单机械

有些老师批改材料题和问答题，全篇只有钩和叉，没有一点儿级别和评语。做错了，学生不知道错在哪里；做对了，学生不知道好在哪里。还有些老师可能任教的班级比较多，要批的作业就会很多，就草草改一下了事。学生辛苦做的作业，受到这样的冷遇，久而久之，学生对做作业就兴趣寡淡了。

【评析】

学生不交作业，无非是四种原因：不会做、不想做、不能做（这种情况是确实存在的，尽管不多见）、做了忘记带来。

如果他不会做，就要搞清楚是智力因素还是非智力因素，抑或是两者兼而有之。如果是不想做，事情就比较复杂了，需要做更深入的了解——到底为什么不想做，从什么时候、因为什么人或什么事开始不想做的，等等。不想做并不能简单地等同于不想学，恰恰相反，不想做作业的原因往往是作业过于简单（对于一部分学生而言）、过于无趣、过多，等等。

我认为学生不交作业，既要从学生身上找原因，也要从教师身上找原因，这样的思考才是合理的。如果要了解班级总体上对写作业问题的态度，可以做问卷调查，可以开座谈会；如果要了解某一个学生对作业的态度，可以谈话，也可以采用写周记等方式，这些都不难做到，问题是要去做。

如果对这些问题都一无所知，那么，想出各种对付学生不交作业的方法又有什么意义呢？只要有好的思维习惯，就一定能想出好的办法（也是正当的方法）。这个好的思维习惯就是起点应该是“他为什么会这样”，而不是“我该怎么办”。

（江苏省南京市第三高级中学　陈宇）

第二节　常规应对方法

一、正面对抗法

学生不交作业时，总会抱有侥幸心理，指望能蒙混过关。对于这样的学生，有必要让他清楚地知道班主任的底线在哪里，明白班主任做事的原则，从而不再触犯。

【案例】过招儿

小付是出了名的懒和慢，开学第二天我便领教了。在批阅家校联系本时，发现他作业没完成，家长也没签名。我让他过来，只见他慢悠悠地从座位上起身，慢吞吞地挪到我身边，真让人窝火。

初战告败

“你昨天的家庭作业怎么没完成？你爸爸的签名呢？”

“啊——？爸——爸——啊——？”他带着一脸的疑惑，以慢三拍的节奏回答道。

这小子装糊涂，我提高嗓门儿问：“你爸爸的签名在哪儿啊？”

他“噢——”了一声，慢悠悠地走回座位去取笔，一路上还和同学说笑几句。“快点儿过来！我给你数数，五秒钟内过来。一——二——三——四——五！”他终于走到讲台前，以蜗牛的速度补作业：写几个字，便疼惜地用左手揉揉右手；写几行，便使劲地甩甩右手，皱皱眉，咧咧嘴，装辛苦样儿！

正如前任老师介绍的那样，他的词语听写很成问题，第一课听写 14 个词语，他勉勉强强对了 6 个。他的课文背诵更成问题，有的同学课文学习结束后就能背出，还有的回家温习后也能背出，唯独他在校不背，在家更不背，结果只能是背不出！于是我利用午休时间督促他背，结果我背得滚瓜烂熟了，他只能在我的暗示或明示下挤牙膏似的背。

我利用午休时间继续为他补习词语和背诵。可我急他不急，我转身批改作业，他也转身做别的事了。于是放学时让他留下来，可当我护送学生出校门归来时，教室里已不见他的踪影，值日的同学说他早跑了。几次三番下来，我感觉身心疲惫。

在他懒和慢的抵御下，我的努力宣告失败！

略有小赢

每天下午四点半他得乘托管机构的车子回去，我在护送其他学生出校门前对他发狠话：“你得把没完成的作业做好再乘车，再溜走的话，我找到你的托管机构去！”我还跟托管机构接送人员联系好，请他们帮忙。

那次默写背诵段落，由于他背得不熟，默写花了很长时间，当他写好最后一个字时，时间已近五点，他大叫：“晚啦！完啦！车子乘不上了！”我也挺后悔的，只好自己护送这个令人头疼的家伙。车刚开出校门，他就高兴地喊：“我们的车子还在！老师你不必送我啦！”托管机构的小伙子一直在外面等他。

从那以后，他能在学校完成作业并交到讲台上了，我略感欣慰。

再进一步

学校的作业他能完成再回家，但那字简直惨不忍睹。一气之下让他重写，可话一出口我就后悔了，这有点儿像非分之想了。果然，他不愿意，哭着和我僵持。但话已出口，且是当着其他学生的面，我不能收回。正在骑虎难下时，看见课代表走到他身边，看了看他的字，皱了皱眉头，在他耳边嘀咕了几句。我眼前一亮，忙招手让那位女生过来，对她说：“你想个办法劝劝他，让他写好。可别说是老师说的。”小女生果然有高招儿，掏出餐巾纸为他擦去泪水，柔声说：“快写吧，写好了就可以出去玩啦！”另几个女生还殷勤地为他捶背。在女生们的努力下，他终于完成了作业，字写得端正多了。

几次过招儿后，他明白了我的原则——学校里的作业一定要当天完成，字要写得能让人看清楚。从那以后，他不仅能把作业写好，还交到了我的手中——他又向前跨出了一步。

（浙江省桐乡市实验小学教育集团凤鸣小学　张建利）

二、委婉迂回法

学生都有强烈的自尊心，在处置部分不交作业的孩子时，可充分利用这一点，以退为进，采取迂回战术，或有奇效。

【案例】让学生自己选择进退

在迫不得已的情况下，校务会决定中途换将，安排我接这个令学校头疼的初三（1）班。

面对这样的班级，我想从作业抓起，扭转学风。头两周，我反复强调作业务必完成，可每次都有几名学生做不到位。我批评过他们，发过脾气，甚至罚站也依然无效。我知道，要纠正行为习惯，绝非一日之功，其背后隐藏着复杂的原因，一味采用强硬措施，只会让自己陷入尴尬境地。

如何改变方法？

那天，我对几个老不写作业而被罚站的学生说道：“如果能保证以后按时按量完成作业，不再拖拉，就坐下。全班同学作证！”话音刚落，就有四名学生坐下，他们很清楚，语文作业量向来不重，仅有“基础训练”，并不难。没想到有两名学生不愿坐下。怎么回事？给你台阶下，你还不要！我假装不悦地说：“有四位同学勇敢地坐下去了，他们用身体语言向大家也对自己保证，很好！可现在还有两个人不愿坐下，他们是怎么想的，我不懂！”站着的两个人神情木然。

沉思良久，我心平气和地问：“你俩为什么不愿坐下？”其中一位学生垂头丧气地说道：“我经常不做作业，不仅语文，其他学科作业我也不能保证每次都能按时按量完成，所以，我不能坐下。”原来如此，我暗自高兴。问另一位，回答几乎一样。我高声说：“我佩服你们说真话的勇气！你们两个的话语中隐藏着对自己严格要求的想法！是啊，完不成任务是该受到惩罚，但是这样维护自己的尊严未必科学。作业还得尽力而为，实在不行，可问老师、问同学，大家可以帮你，因为不论何时何地都要尽力做事，这是维护自己尊严的好方法。如果你们两个能明白这个道理，我希望你们两个勇敢地坐下去。现在坐下去也是需要勇气的！”这两名学生犹犹豫豫，磨磨蹭蹭，但最终坐下了。

近期，我的学生不再拖拉作业了，即使平时作业错误率较高的学生，也能较好地完成任务了。而且，曾令我头痛的那两名学生，作业大有进步，这又出乎我的预料。

（安徽省淮南市金岭中学　赵尚贵）

【评析】

采用委婉迂回的方法，要注意两点。一是要注意适用对象，这种方法对于吃软不吃硬的孩子来说是非常有效的，但不是全部适用；二是要注意适用范围，迂回术不是一味忍让和包容，要有一个限度，要因时制宜。

三、肯定激励法

有些孩子不交作业，看起来是自暴自弃了，老师也放弃他了。其实，人皆有上进心，他们缺乏的是机会，缺乏的是外界持续的肯定和鼓励。有了支持，他们就有了改变的动力。

【案例】你会扬帆远航

第一节课是语文，一节课过去了，小莹还没有到校。她的同桌小帆主动跟我说："李老师，小莹没有来，语文作业谁来管啊?"我随口便说："暂时由你代理吧，怎么样?"没想到，他像一名接受任务的新兵一样，激动地说："好!"说完，便认真地整理好作业，一路小跑地抱到了办公室。

当他刚走出办公室门口时，一位同事便意味深长地说："你可选了一位好干部!"听了他的话语，我马上心领神会：小帆绝不是一盏省油的灯。果然，第二节课后，几个热心的学生就找上门来："李老师，你千万不能让小帆当语文课代表，他整天不写作业，当课代表准会把咱班给带坏。"我说："小莹下午可能就来了，暂时让小帆代理一下吧。"学生的提醒，让我猛然想起，从开学到现在两周了，小帆的作业还真一次都没交过。

当天晚上，小莹的妈妈给我打来了电话：小莹转学了！接到电话时，我脑子里一片空白，小莹走了，谁来当课代表？小帆，他？

第二天一大早，我刚在办公室坐定，代理课代表小帆就雄赳赳地抱着收来的作业进来了："李老师，作业已经全部收齐!"全部收齐？真有点儿怀疑！我下意识地看了下作业：第一本就是小帆的。这真是太阳从西边升起呀！看着那崭新的作业本，我突然感到很欣慰。

接下来的几天，小帆的作业虽然字不成形，但也按时完成了，并且作为课代表，他还能恪尽职守。从此，小帆便正式成为我的课代表。

突然有一天，语文作业迟迟没有交来。我来到教室外，透过窗口，看见小帆正和班里的几个小调皮谈笑风生，作业本就放在座位上——他似乎得了健忘症！我朝小帆招招手，他低着头把作业抱到了办公室，红着脸说："老师，我姥姥昨天晚上过生日，时间太晚了，语文作业没有做完。"我说："没关系，今天抽空补完就行。"

然而，这只是一个开头。从此以后，小帆隔三差五地找理由，作业偷工减料、马虎应付的现象随时可见。他的老毛病又犯了。我悄悄把他请到办公室，鼓励他做事要持之以恒。他表面上信誓旦旦，很快又故态复萌。为了激励他，我当着全班学生的面说：“小帆同学要是再完不成作业，大家还希望不希望他继续担任我们的课代表？”大家异口同声地回答：“不希望！”有同学开始嘀咕：“本来他就不该当！”“他总是不写作业，家长也不管！”……

家长？家长！抱着试试看的态度，我拨了小帆父母的电话。可是，他父亲的号码是空号，母亲的号码没人接。我不忍心看着这样一个花季少年就此颓废下去，多次找他谈话，顺便了解了一下他的家庭情况：父亲因单位效益不佳，已停薪留职去外地自谋出路了；母亲没有正式工作，在一家偏僻的酒店打零工，每天晚上十一点半才能回家。白天，家里没有其他人，小帆三餐饭都要自己到街上去买。我听了，心里一阵心酸：“你晚上睡觉时，家里就一个人吗？”他默默地点头：“早上，我来学校时，妈妈还在睡觉，我总是轻轻地说‘再见！’……”多么可怜而又懂事的孩子啊！我站起来轻轻地拍拍他的肩膀：“我是你的老师，以后有什么事，尽管跟我说吧。”他低下头：“老师，我的语文基础很差，你看我的字，连小学生都不如，我感觉学语文好吃力。”“没关系，你是一个聪明的孩子，只要肯干，没有学不会的东西。记住，有困难，跟我说，我可以当你的家庭教师，单独辅导你。”

从此以后，小帆的作业都能按时交来，虽然字还是写得歪歪扭扭，但已经有了不小的进步；作业质量依然不高，但已有自己的观点。抓住这个转变，我在全班同学面前表扬他，同学们也慢慢改变了对小帆的看法，有几个成绩好的学生还主动帮助他。小帆，也一直是我们班的语文课代表。

（河南省平顶山市第五十四中学　李晓燕）

【评析】

如果师生相互尊重，学生就更容易完成家庭作业。如果学生知道你真的尊重他们，关心他们，把他们当作真正的人，而不仅仅是学生，他们就会认真做事。哪怕作业比较多，他们也会做。

四、家长沟通法

和家长保持联系，能更快地掌握学生不交作业的情况，并找出原因。而老师和家长的教育观念达成一致，双方通力合作，也是解决孩子不交作业的途径之一。

【案例】坚持，让慢教育初现阳光

小丁做作业拖拉是全班有名的，每次老师催交作业时，他总是一脸无辜地说“还没有做好”。别看他上课认真听讲，发言有时也挺积极的，但他做作业速度很慢，曾创造过一个小时只抄了 60 个字的“纪录”。留下来补作业是每天都有的事情。谈心试过，批评教育试过，冲孩子发火也有过，但面对他不急不躁的好脾气、一脸无所谓的表情，我感到有点儿无从下手。

小丁的妈妈很为小丁的测试成绩焦虑，我建议她：“孩子学习成绩不理想，在规定时间内不能完成相应的作业，包括不能及时复习等问题，关键在于他的速度太慢。要提高孩子的学习成绩，关键还在于提高他做作业的速度。做作业的速度提高了，那么他听课的效率、读课文的速度等相应也会有所提高的。我们就想办法从他做作业的速度入手抓，怎么样?”

我和小丁妈妈商定了以下两点。

①家长在家与孩子制定一个作业完成合约方案。当一周内按要求完成时，可以满足孩子一个小要求；如果完不成，则不让玩电脑。

②校内，老师也与孩子明确，布置的作业必须完成。如果一周内按要求完成，不仅有责任卡奖励，还能在平时分中加分；如果没有按要求完成，由他自己选择处理方法。

第二天，我找小丁谈话，了解妈妈与他沟通的情况，同时也把自己的想法告诉了他。经过一上午的考虑，孩子自己选择如果不能完成作业，每天留下来补好；如果连续一周都没做好，再在平时分中扣分。最后，我与孩子拉钩，算是达成了协议。

第二天，小丁果然按要求上交了家庭作业，而且一下课就主动做当天的作业。这一天，虽然他还是要留下来完成没有做完的作业，但我还是在全班同学面前表扬了他能主动完成作业。在同学们的掌声中，我看到了小丁的笑脸。晚上，天已有点儿黑了，当小丁背着书包，走出教室时，我让他看一看两幢教学楼，找找有什么发现。他告诉我，唯有我们班的教室里亮着灯，我问他：“你知道为什么我们班还亮着灯吗？你还想让这盏灯明天继续亮着吗？”我没有让他直接回答，而是带他来到了校门口，一个孤零零的身影在寒风中站着，虽然我知道他妈妈接到我的通知，等了不久，但我趁机问小丁：“现在是5:40，你让妈妈在这里等了多长时间了？要不你与妈妈再一起感受一下寒风中等待一个小时的滋味？”小丁连连摇头。第二天，小丁完成了作业；第三天，他还补好了上上周留下来的一个作业。鉴于小丁三天来的表现，我奖给了他一张特殊的责任卡。第二周，小丁不时地主动告诉我：“老师，我课堂作业已完成了”、“我的订正作业已好了”、“昨天妈妈还让我听写了词语”……

看到小丁的进步，我知道，他能完成作业是因为放弃了玩与休息的时间，但他的速度并没有提高多少。两周后，我再次与他妈妈取得了联系。经过沟通后，我们商定由妈妈出面，在妈妈的表扬中给孩子提出修改合约方案，给每天的家庭作业规定相应的时间，表扬和惩罚措施相同。

就这样，在家校共同的努力下，孩子做作业的速度在一点点地提高。经过一个月的努力，孩子基本能在规定时间内完成作业了。

（北京师范大学南湖附属学校　杨叶芳）

【评析】

跟某些家长沟通，确实是对班主任和教师的一大挑战。很多家长非常忙，有的并不像教师这样重视家庭作业，有的对家庭作业自有主张。不是所有家长都像教师希望的那样，能给孩子的家庭作业提供帮助。

最好在问题产生之前，如在开学之初就跟家长沟通，让他们知道，你可以跟他们讨论包括家庭作业在内的所有孩子成长的问题。你可以在家长会上传递这个信息，并让学生将书面通知带给家长，让家长签字并将之带回。对于没有签字的家长，需要特别用心对待。首先，要让他们感到学校对他们是欢迎的。要告诉家长，他们通过什么方式，以及在什么时间能联系到你，你是否喜欢他们给你打电话、写便条或约你见面等。

五、作业反馈法

老师布置了作业，却经常忽视收集学生对作业的反馈。通常学生对作业量、作业种类、批改方式、作业评价等都有看法。老师只要给他们机会，让他们畅所欲言，然后再根据学生的意见改进作业布置并细化作业评价等，就会很有收获。

【案例】说句心里话

一个周末，吃完晚饭后，我出去散步。迎面跑过来两个孩子，我一眼就认出是我班上的两个捣蛋鬼。他俩也发现了我，立刻停止了追逐打闹，低着头慢慢地靠路边走。

我主动同他们打了个招呼，边走边聊。“你们家住在哪里？吃饭了吗？……”聊着聊着，他俩没有了拘谨，显得轻松自然起来。“老师，您以后别布置那么多家庭作业好不好？”“多吗？”我反问道。“光数学不算多，再加上语文、英语，我们要做到很晚的。”“对了，老师，您可不可以帮我们跟袁老师（本班语文教师）说一说，每天的作业都是抄啊、读啊，我们都要烦死了。”“还有那个日记，我们天天都不知道写什么。”“是啊！班里好多同学都这么说，您得多听听我们的心里话。”“老师，其实我们也不是不想完成作业，只是感觉这样的作业太无聊了。”……

那天，我们聊到很晚，他们的心里话句句都触动着我，我诚恳地向他们承认了自己以前的过错，并坦诚地谈了自己的想法和希望。

星期一到校后，我找到任课老师，讲了与那两个学生的谈话内容，老师们借此认真反思，并开始做出改变：尽量多布置一些趣味性、实践型、探究型作业，让孩子们走出单调、枯燥的读写算；写日记也改成了“做”日记，就是先让学生去完成一项活动，亲身体验一下，之后再写下来……真正变“苦学”为“乐学”。

为了多听听学生的心里话，我们每周都会开一个主题为“说句心里话”的班会，以便及时调整教学和班级管理策略。课上，我们更多地关注问题学生，多给他们一些展示自我的机会；课下我们关心问题学生的生活细节，让他们时时感受到老师心中有他们。慢慢地，班里发生了变化，不完成作业的没有了，考试不及格的少了，互帮互助的多了。

（山东省德州市湖滨北路小学　路开孝、袁玥）

六、行为矫治法

为了让学生养成良好的做作业的习惯，老师可以科学方法为依据，结合不交作业的具体原因和情况，寻找有用的参考资料，为学生或整个班级打造一套行为训练方案，并及时跟进，不断改良。这不失为上策。

【案例】赶跑作业拖拉现象的有效策略

学生作业拖拉的现象，令老师和家长都伤透脑筋。我经过策划，通过召开“拖拉诉苦班会”、“小诸葛交流会”，建立“赶跑拖拉训练营”等方式，逐步使学生摆脱作业拖拉的不良习惯。

召开“拖拉诉苦班会”

“同学们，陈老师小学时，有一段时间也是一个小‘拖拉机’，大家都要上床睡觉了，我才开始发慌，在台灯下奋笔疾书，为此可没少挨批评。现在，我们召开一个‘拖拉诉苦班会’，大家可以畅所欲言……”在我一番充满激情的鼓动之后，一些小“拖拉机”纷纷倾吐苦水。

没有指责，没有批评，亦没有惩罚，小“拖拉机”们敞开了心扉，诉说着自己拖拉的独特体验。最终，小“拖拉机”们认识到了拖拉的危害。

举行“小诸葛交流会”

又精心准备了一个星期，我让班里做作业又快又好的“小诸葛”们传经献宝。

“同学们，陈老师特别喜欢我们班里那些作业做得又快又好的‘小诸葛’，他们都有自己宝贵的经验。下面，我们就召开一个传经交流会，请大家以热烈的掌声欢迎‘小诸葛’们上台传经献宝。”掌声过后，“小诸葛”们纷纷上台，传授自己的诀窍：从小事做起、从整理房间做起、建立“拖拉小档案”以自省等。没有说教，榜样就在眼前。

建立“赶跑拖拉训练营”

又是一次班会课，我再一次动员：“同学们，从本周起，我们要开展有趣的‘赶跑拖拉训练营’系列活动，时间是两个月。我给大家介绍几个练习方法。这些练习非常简单，大家可以在课外进行练习，在平时做作业的过程中要时刻约束自己。经过一段时间后，你就会发现，拖拉的坏习惯有所改善了。”

第一步：注意力自测

下面有 15 道题，如实回答这些问题，在老师的帮助下就能正确了解自己的注意力集中程度。（你认为对的打“√”，错的打“ ×”）

① 听别人说话时，常常不用心或想着别的事情。

② 做作业时，常常会想起跟作业无关的事情。

③ 做作业时，总想急急忙忙完成，再去干另一件事情。

④ 上课或做作业时，总觉得时间过得特别慢。

⑤ 一有担心的事，便觉得时间过得特别慢。

⑥ 被别人批评或指责的情景始终不会忘记。

⑦ 有时，在一天中会忙这忙那，什么事都想干。

⑧ 要干的事很多，却不能专心于一件事情。

⑨ 听课时常常哈欠不断。

⑩ 说话时，有时不知不觉地说起其他事情。

⑪ 等人时感到时间很难熬。

⑫ 对刚复习完的功课，会重新读好几遍。

⑬ 读书、做作业不能坚持两个小时以上。

⑭ 一件事情做的时间长了，心里就会很急躁，希望早点儿结束。

⑮ 学习时能听清别人讲话的内容。

对自测结果进行分析：现在，我们一起来算算分数，打“×”的计分，数一数你有多少个“×”，就有多少分。注意力集中程度一共分为五个层次。

① 0～3 分，很不集中。

② 4～7 分，不太集中。

③ 8～11 分，集中程度一般。

④ 12～13 分，比较集中。

⑤ 14～15 分，非常集中。

第二步：简单注意力训练

（1）画字训练。

下面是一张数字表，表中的许多数字都是规则排列的，你能按下面的要求练练自己的注意力吗？（时间：5 分钟）

5	7	3	6	1	2	3	6	3	2	0
7	2	0	5	3	2	4	6	0	9	6
4	8	7	8	0	9	7	9	6	4	3
5	3	8	9	6	2	0	6	1	2	4
0	8	4	3	2	1	6	4	5	3	6
2	0	3	8	6	2	0	6	4	1	4
1	6	2	4	3	8	5	7	6	0	6

① 用“\”画去表中的“6”字（共画去______个数字）。训练注意力的集中。

② 用“×”画去表中位于“6”前面的那个数字（共画去______个数字）。训练注意力的转移。

③ 先判断“6”前面的那个数字是单数，还是双数，再用“○”圈去单数（共圈去______个数字）。训练注意力的选择。

（2）静坐训练。

让学生闭上眼睛，播放古筝曲《春江花月夜》，在学生完全放松的状态下，老师故意咳嗽两下，然后点燃蚊香放到学生面前，最后洒上香水。学生静坐 3 分钟以后，轻轻地张开双眼，教师提问（是否注意到），以观察学生的注意力广度和无意注意的水平。

（3）抗干扰训练。

1）数字题：要求训练者重复老师念的数字。

① 2121080

② 13824285518

③ 13766823420

④ 321432543654

⑤ 001446559883

⑥ 197580642371

2）文字题：听词答问。

① 苹果　雪梨　香蕉　西瓜　凤梨　柿子

② 月亮　地球　太阳　水星　金星　火星

③ 张小东　李　志　鼓清清　钟明华　林利利　萧春玲

提问示例：

A. “凤梨”排在第几位？

B. 排在第三位的是什么？

C. 有几个名字出现过重叠的字？

第三步：用国际通行的可长期实施的注意力训练法（舒尔特方格训练

法），坚持每日训练5分钟

舒尔特方格是在一张方形卡片上画上1厘米×1厘米的25个方格，格子内任意填写上阿拉伯数字1～25共25个数字。训练时，要求被测者用手指按1～25的顺序依次指出其位置，同时诵读出声，施测者在一旁记录所用时间。数完25个数字所用时间越短，注意力水平越高。

以7～12岁年龄组为例，能达到26秒以下的为优秀，学习成绩应该名列前茅；达到27～42秒的属于中等水平，班级排名会在中游或偏下；需要50秒以上的则问题较大，考试会出现不及格现象。

练习的时间越长，所需的时间越短。随着练习的深入，眼球的末梢视觉能力提高，不仅初学的学生可以有效地拓展视幅，加快阅读节奏，锻炼眼睛快速认读；而且进入提高阶段之后，可同时拓展纵横视幅，达到一目十行、一目一页。

视幅较宽、注意力参数较高的学生，可以从25格开始练习。如果有兴趣提高练习的难度，还可以自己制作36格、49格、64格、81格的方格。

为了避免反复用相同的方格产生记忆，教师可以自己动手制作不同难度、不同排序的舒尔特方格，规格大致为边长20厘米的正方形，1套制作10张。

第四步：采取强制措施，“杀鸡儆猴”

在规定时间内，如果不能完成作业，可以对该生进行一定的处罚，在班内“杀鸡儆猴”，以让作业拖拉的学生牢记于心。

第五步：把玩作为奖品

完不成作业的学生通常都比较贪玩，处理不好玩与学的关系。平时，可经常教育学生“学要学得踏实，玩要玩得痛快”。对于贪玩不做作业的学生，就取消他玩耍的资格。

第六步：分解作业，及时肯定

针对做作业拖拉的学生，教师可以把布置的作业分成几个部分，当他完成一部分时，就给予反馈。如果完成的速度快，就正面表扬：“你今天做作业的速度真快，是一个抓紧时间的孩子。要是你把字写得再工整一点儿，老师就更喜欢了。”如果他做的作业正确率高，就夸奖他：“你好聪明，你做对的题目比某某都多，加油！下面的题目继续认真做。”

第七步：建立家校联系，优化家庭教育方式

运用多种形式（家校互动手册、校讯通、电话、QQ、家长会、家访），保持家校的日常联系，及时与家长交流作业拖拉学生的动态，同时帮助家长寻找一些优秀家庭的教育理念和教育方法，让家长针对自己孩子的特点，进行教育和辅导。

经过两个月的训练，班上学生拖欠作业的现象明显减少。

（浙江省嵊州市育英小学　陈英）

【评析】

这里阐述的针对小学生作业拖拉所采用的部分策略，对于初中生、高中生同样适用。比如经验交流、树立典型、设置奖品、进行家校联系等方法，都是通用的。而注意力训练的方法，对初一、初二阶段好动的孩子，或许也适用。

第三节　创新的应对技巧

一、罚你不做作业

【案例】

学生拖拉、应付、抄袭作业，甚至不做作业的现象，常令老师十分头疼。至于个别严重者，无论老师怎样劝说教育，依然如故。“罚作业”也就理所当然地成为老师惩罚拖拉作业或不做作业学生的杀手锏。这样做意在使学生认识到不做作业的“下场”，从而痛改不做作业的恶习，亦可起到威慑其他学生的作用。如此，在学生眼里，作业成了“惩罚”物，写作业自然也就成了不那么令人开心的事情。而被罚者往往破罐子破摔，越罚越不做，即使做了也是抄袭，甚至找人代写，马虎应付而已。这不仅不能使拖拉作业或不做作业的学生改掉恶习，还容易造成师生关系对立，使老师处于尴尬被动局面。

鉴于此，我没有用“罚作业”的方法来惩罚拖拉作业、不做作业的学生，而是在班上宣布“剥夺”他们做作业的资格和权利，让课代表拒收他们的作业。学生们对此大惑不解。我说：“让我们拭目以待！”

一开始的几天，那些平时拖拉作业和不做作业的学生没有了做作业的负担和压力，像获得了大解放似的，十分高兴，自由自在，就连原来偶尔不做作业的学生也加入了不做作业学生的队伍。几天后，我分别召开了这些学生所在小组同学会议，要求他们认真、及时地完成作业，而那些学生依然不用做作业。在班会课上总结班级工作时，我让这几个小组中做作业的学生站起来，给予了他们“夸大”式的表扬，并分别给他们记上了“☆”

号，全班学生热烈鼓掌。这时，我看到那几个不做作业的学生趴在座位上，很不自在。接下来，我收集了最近几天各科的作业，出了一张综合试卷对学生进行检测，试题全部是作业上的原题。大部分学生考得很好，不少学生考了满分，那几个不做作业的学生自然考得较差。我在班上进行了总结，表扬了成绩优异和进步的学生，对个别考得不好但坚持做作业的学生提出了要求并进行了鼓励。这时，学生们的目光都聚集到那几个不做作业同学的身上。而我对他们只字未提，没有任何批评、惩罚和要求。

下午放学后，这几个学生来办公室找我，我故意不理睬他们，只是对其他老师说："我们班某某同学这次考得非常理想，进步真大，他真了不起……"大约过了 5 分钟，他们低着头，吞吞吐吐地说："老师，你管管我们吧，我们想做作业……"

反弹琵琶，有时候会有神奇的效果。

（江苏省沛县第五中学　吴宝席）

【评析】

按照一般逻辑，如果学生不做作业，就罚他多抄几遍，而用"剥夺"学生做作业的资格和权利的逆向思维行事，可谓新颖。运用此种手段，有两点值得注意。一是运用对象，最好是不交作业的"动摇分子"，也就是那些说一说，动一动，短期内就可以改变的学生；如果是铁了心不学习的学生，估计用处不大。二是注意细节，在时机选择、语言提示、效果观察等方面，都要注意，切记不可过了。

二、小 A 的调查报告

【案例】

小 A 已经连续好几个周一没有按时交作业了，这周周一的缺交名单中毫无疑问又有他。当天再补做是我的老办法，我或语重心长或言辞激烈地对他进行教育。哄他、批评他、吓唬他，我招式耍尽，黔驴技穷，他却总是“百毒不侵”，一切照旧。

今天我改变了“作战策略”，不再让他愁眉苦脸地补做缺交的作业了，也不再苦口婆心地给他灌输大道理了，而是让他去初一、初二16个班级采访，做一份本周一缺交作业情况的调查报告，第二天再交给我。

第二天一早，小A的调查报告就静静地躺在我的桌子上了，这让我吓了一跳，他这样守时守信，是开学到现在从未有过的。报告的内容着实让我大吃一惊：他用两个饼形图、一个表格清晰地再现了初一、初二年级1406名学生的作业上交数量、不交原因，以及对作业难易的评价。他通过数据分析得出了很多有价值的结论。比如：

（1）不能合理安排好周六、周日学习的时间导致作业未能完成。

（2）未能养成良好的学习习惯导致周一作业不能按时上交。

（3）不能处理好复习和作业的关系，或者不能很好地分配竞赛培训、上补习班和复习的时间，从而导致作业未能及时完成。

他建议老师们要彼此沟通控制作业量，要布置学生感兴趣的作业，以调动学生的积极性。他也建议学生注意调节心理压力，正确面对作业问题。

洋洋洒洒两千字，有理有据，层次清晰，令人信服，也让我反省。他是欠交作业的老“客户”，他是老师眼中懒散、不守规矩的代表。但对于这份作业他却有如此大的热情，并及时出色地完成了任务：上千个数据的统计，与陌生同学的接洽与沟通，数据的客观分析，文字的润色与定稿……

（广东省广州市广雅实验学校　向连）

【评析】

小A对于调查报告这份特殊作业的热情，折射出学生对抄写等机械性作业的反感。对于那些学有余力而不愿意交作业的学生来说，这正是他们不交作业的原因：都会做了，还写什么？各位老师不妨借鉴上述方法，给这类学生布置一些有挑战性的作业，说不定他们会像小 A 一样给你带来惊喜。

三、“作业超市”的“椰壳效应”

【案例】

一位父亲去请教一位教育专家，这位父亲说，他想尽办法，软硬兼施，他的孩子还是不愿意吃饭，为此他很苦恼。教育专家询问了这位父亲所用的方法后，对他说，你不妨试试这样的方法：不要用碗盛饭，改用其他器皿。于是，这位父亲就把椰壳锯开，用它来盛饭。结果孩子吃得津津有味。读完这个故事，联想到我班学生的作业问题，我陷入沉思：孩子不写作业，为什么我们教育者都像这位父亲一样喜欢从孩子身上找原因，而不从作业本身、布置作业者身上去找原因呢？我们也应该用“椰壳来盛饭”——从作业形式上做文章。改变作业形式，使孩子们爱上作业，他们不就乐意完成了吗？

一次，我在网上发现有些语文老师设计了“作业超市”这一形式（指像在超市购物一样，学生在所罗列的作业中选取一种或几种自己喜欢，而且有能力完成的），孩子们做作业的热情很高。第二天，我就把班级“作业超市”开业的消息告诉了学生们，他们充满好奇。从此，“作业超市”在我和孩子们共同的“经营”下，红红火火。我们的“经营”策略如下。

第一步：“进货”——精心设计作业

好超市，必须物美价廉。因此，“作业超市”成功与否在于作业设计。教师必须想学生所想，避免那些机械、重复、乏味的低效作业，充分调动学生做作业的积极性，让他们在完成作业的过程中享受到学习知识、运用知识的快乐。

（1）设计分层次作业

学生的知识与能力状况是存在客观差异的，教师在设计作业时，不能“一刀切”，应尽可能照顾这种差异，因材施教，针对学生的个体差异设计有层次的作业。同时，可以为学生提供作业“套餐”，允许学生自主选择，增加选择性与弹性。

在布置作业时，我常设计三类题目：A 类为基本题，紧扣当天所学内容，主要目的是巩固新知；B 类是基础题，这是针对一部分基础薄弱的学生布置的，浅显易懂，有利于他们获得成功的快乐，增强学习的自信心；C 类是发展题，这种题目有一定的难度，主要是针对基础好的学生设计的，有利于培养学生思维的灵活性和深刻性。

（2）设计开放性作业

学习是一个不断发现问题、分析问题和解决问题的动态过程。为此，在作业设计中，我们应以让学生学会多角度思考问题、分析问题为目的，以训练学生的发散思维为中心，引导学生会思考，善思考，巧思考，强化学生的创新意识，使学生学会创新。针对训练重点，我曾设计出一题多解、一题多变的题目以及形式新、入口宽、解法活、策略多的题目。

（3）设计合作型作业

以前的数学作业，教师过于强调独立思考，没有将合作作为重要的素质来培养。其实，我们可以设计一些合作型作业，允许学生自主选择完成作业的方式，鼓励他们与人交流，进行有效合作。如设计数学手抄报、设计单元检测卷、进行社会调查等。这既是让学生对知识进行梳理的过程，也是同伴合作交流的过程。

第二步：“购物”——自主挑选作业

苏霍姆林斯基认为，数学教师应给每个学生挑选适合他的问题，不催促学生，不追求解题数量，让每个学生经过努力都能成功。在“作业超市”里，学生可自主选择作业类型，也可以选择各种类型自由搭配，做到因人而异，各取所需。

但“作业超市”不等同于“商品超市”，老师的主导作用千万不可忽视。打个比方来说，一个人，每天先要吃饱饭，还要再吃一些水果；而吃饱饭应放在首位，吃水果仅是对营养的补充。如果把对课内双基教学的巩固比作“饭”，那么课外拓展与延伸则为“水果”。学生仅为自己选择喜爱的“水果”，而忽视极为重要的“饭”，这样光吃“水果”不吃“饭”，能行吗？所以，教师要做好引导，让学生在吃饱“饭”的基础上，再去选择吃一些适合自己口味的“水果”，这样做，才能达到作业的真正目的——巩固基础、强化技能、发展思维。

第三步：“定价”——合理评价作业

这里的“定价”是对作业进行评定、评价，有家长的评价、老师的评价、自己的评价、同学的评价。

（1）家长评价

主要是针对学生做作业时的态度做出评价，如作业是否及时完成、做作业时是否专心、有没有边看电视边写作业的现象等。

（2）老师评价

这是整个评价体系的主体。如何通过作业的批改，更好地提高学生的学习兴趣，发挥其主体能动性？我进行了一些有益的探索。

等级分项：一篇好的作业是多项指标的综合体现，如果只注重对解答过程正确与否的评价，就不利于学生良好学习习惯的养成，不利于他们各种素质的全面发展。因此，我一改以往单纯利用“优”、“良”、“合格”、“不合格”几个等级评价学生作业的方法，施以分项评价的方法。我以解题思路的合理性、运算结果的准确性以及书写情况作为衡量标准，对作业质量进行综合评定。如果解题步骤合理完整，结果正确，书写整洁，作业格式规范，就可以得“优☆”，甚至得“优”加五颗“☆”。我常对学生讲，写字水平有高低，但只要你态度认真，发挥自己的最佳水平，你就可以得“优☆”。现在，孩子们一拿到作业就在比谁得的“☆”多、谁的进步大。

评语激励：在批改数学作业时，当有学生出现观察、分析、计算或判断等方面的错误时，我就一语道破存在的问题，指出其错误之处，并在旁边写上适当的评语。这种评语可帮助学生在老师的提示下找到错在哪里，而且知道为什么错、怎么改正，以达到巩固、提高的目的。对于在某一道题上有自己独特的见解、解题依据充分、思路清晰、步骤完整的学生，我就写上一句“你与众不同的见解，真让人耳目一新，你真棒”等，这样做能充分调动学生主动学习的积极性。

（3）自我评价

可以在教师的指导下进行，也可以是学生的独立活动。主要是通过学生对自己的思维过程进行回顾和检查，使学生逐步形成独立解决问题的能力。

（4）同学评价

主要是通过互批互改，培养和发展学生的观察、分析和判断问题的能力。同学的评价有多种形式，如同桌互评、小组内同学互评、组与组同学互评等。

无论多么繁忙，每天我都要对做作业认真的学生和有进步的学生给予表扬，定期评选“班级优秀作业”，定期举行全班学生参加的作业展览。自从有了“作业超市”，我再也不用为收作业而苦恼，每天欣赏着学生们整洁的作业，真是一种享受。

“作业超市”不就像故事中的椰壳那样产生了神奇的效果吗？这种新颖的作业方式，从学生的实际出发，学生根据自己的知识水平、兴趣爱好，从中挑选适合自己的作业。在作业评价中，不但有教师评价，而且让家长、学生自己、同学也参与评价，这种多角度、多主体的评价更能让学生感受到成功的乐趣。

（摘自如东教育网，苏兵）

【评析】

最近几年，“作业超市”的尝试逐渐增多，越来越红火，有人大加赞叹；有人犹豫迟疑，对“作业超市”的效果能不能得到保证抱有疑问。其实，凡事有利就有弊，“作业超市”的好处是显而易见的，它对于提高学生做作业和学习的积极性、展开分层教学都很有帮助。但是，在实际操作中也是有困难的，孩子们对自己可以“买”哪一档作业不一定清楚，老师对学生是否掌握了某个知识点也可能无法及时掌控。所以，如果选择这种方法，老师一定要把握好度。

（策划　向柏桦　班主任之友杂志社）

第五章
那些在课堂上爱说爱动的学生

教师在课堂上一定遇到过那些叽叽喳喳喜欢说话或者爱接话茬的学生，还有手不停脚不住、小动作不断的学生。他们或与同学交头接耳，或自说自话，或自顾自做小动作，甚至打闹起哄，不一而足。面对这些爱在课堂上小说小动的孩子，该如何应对呢？

第一节　学生为什么爱说爱动

一、学习基础差，听不进去

总有一些成绩差到令自己绝望的学生，上课对他们而言如同进“炼狱”，他们拒绝学习，回避提问和教师安排的种种活动。在课堂上找些能发泄精力和转移注意力的事情来做，是他们无奈的选择。

【案例】“笨”孩子

去年被派到乡下交流，所负责的班级孩子并不多，只有29个，教室单人单桌还显得很宽敞。

没过多久，我就发现一个胖胖的、可爱的小男生，总喜欢把头扭向后面跟同学讲话。当我眼睛盯着他的时候，他就会立刻转回头，满脸笑意，一点儿也不觉得羞愧。很多次，我想发火。

下课后，我向搭档了解他的情况：他叫小章，一年级上学期的时候，表现还行，可慢慢地，他的成绩越来越差，习惯也越来越不好。很多该认识的生字他都不认识，更不用说写了。读书结结巴巴的，做作业基本上靠抄袭。老师们都认为，他就是那种典型的“笨”学生。

可我不相信他“笨”，因为他的眼神并不茫然，他的笑容并不僵硬，我相信，他一定也不希望这样。

有人说：“你完全可以不用管他，反正总会有个别学生不及格。”

但是，我不忍心看到这么可爱的一个孩子整天在课堂上混日子，我想多少教他一点儿，对他来说，多学一点儿总比不学强吧。

从此以后，早读时我都陪着他读书、背书。有时，一个早读他连课文的一个自然段也背不下来，但我并不气馁，一个早读背不下来就用两个早读，甚至一个星期。

当同学们做导学案或自习的时候，我就坐到他的身边……

渐渐地，上课时他不再左顾右盼、前后扭动了。有一天，我故意和他开玩笑，问他是上课读书写字好，还是玩好。他说："玩很无聊。""玩很无聊"深深触动了我心底那根最柔软的心弦。

（湖北省远安县南门小学　陈娥）

二、已经会了，不愿意听

这类学生除了做些小动作，更喜欢在教师提问时未经允许就抢先说出答案，对于教师的讲解也不予理睬，甚至可能会在课堂上公然指出教师的某些错误，让教师难堪，一般的教学已经无法满足其需求。如果教师将其看作公然挑衅，对其压制甚至责罚的话，必然会导致双方矛盾升级。

【案例】那个上课爱讲话的孩子

"老师，我不想和小李同桌，他经常讲话，我也跟着倒霉，没说话，也常被老师请到办公室……"每次编排座位时，我都感到很为难，因为大家都不愿意和小李同桌。

小李并不是一个让人讨厌的孩子，但就是话多。开会时，老师们总说："上课只要听到有讲话声，不用朝别处望，准是小李。"其实，我也有同感，小李讲话，还常带动一批人。

为了解决这个问题，我安排他一个人坐。尽管能遏制他讲话，但看到他一个人孤单单的，备受冷落，又觉得这样做太苛刻。他也三番五次地恳求："老师，您就让我和同学们一起坐吧，我以后不讲话了，好不好？"可我给他找一个同桌，几天后，他就又开始在课堂上乱讲话了。

有一天要开教师会，我担心小李又在教室里滔滔不绝，于是对他说：“你就坐在讲台前替老师维护纪律，如果发现有讲话的就记录在班务日志上，我回教室后根据你的名单来处理这些上课讲话的同学，你可要替老师管理好纪律。”小李高兴地说：“放心吧，我保证完成任务！”开完会，我询问班级纪律，同学们说：“小李不讲话，我们就不讲话了，他坐在讲台前，大家都望着他，他自己也不好意思讲话呀！”

听了大家的议论，我觉得这是个好主意，其实小李基础知识扎实，智商也很高，好讲话主要是因为他学习游刃有余，无事可做。于是每节课上，我都提前将上课内容给他安排好，让他给同学们讲解教学中的部分内容，讲完后我继续补充。一节课下来，他都没有讲话的时间和机会了。小李俨然成了一位小老师。

（湖北省秭归县第二中学　董建华）

三、纪律意识淡，行为习惯差

有些学生爱说爱动并非是故意的，只是不能自我调控，尤其是小学生天性活泼好动，时常会被一些无足轻重的事情或事物吸引而游离于课堂之外，有时心不在焉地做些小动作，有时脱口而出打断别人的谈话，等等。看似无理取闹，实则并非恶意，对于这种自制力差的学生，老师要善于引导，适当调控。

【案例】我的地盘，我做主

一直没教过小姜，今年新学期他分到我班。在我的课堂上，他举手踊跃，几乎每次都是第一个发言，我很欣慰。每节课他是“点击率”最高的学生，发言质量也不错。不过，大好形势没维持多久。一个星期后，他变成了一个事事爱插话的人。如果我不喊他站起来回答问题，他就和左邻右舍叽叽咕咕，大有舍他其谁的癫狂之态。我开始烦不胜烦。有好几次下课后，我把他叫到办公室，没给他好脸色。不过，言语的力量好像对他已渐渐失去了作用，说教已是于事无补，我不得不冷静思考新的对策。

跟他五年级的班主任做了交流，我得知，小姜能说会道，做事积极，不足之处是自我约束能力差一些，还有就是怕写作文，习作水平在同龄人中居后。有办法了！对于这类思维活跃、能干的学生，何不利用自己的身份优势，让他有点儿课堂纪律意识？你怕写，我就让你写，我让你有写不完的日记！

那天放晚学后，小姜的爸爸来接他。我把小姜叫到我办公室，和他爸爸一起，我们来了个三方会谈。打着提高他写作水平的幌子，为小姜量身定做了一份上半学期的额外作业——每天写一篇“日记”，重点写自己每天的课堂经历。小姜一听，似有所悟。我说：“写好后，请爸爸签字。而且当天放晚学后，第一时间将日记交给我审核。”于是乎，小姜他爸也有了重点教育目标，我们结成了教育同盟。

确实，对过于兴奋、纪律意识淡薄的孩子，磨一磨他的性子也是有必要的。小姜通过日记强化了纪律意识，写日记逐渐进步，并发表了一篇习作。

（江苏省兴化市沙沟中心小学　张福星）

四、显摆、逞能、耍宝

有些学生在课堂上捣乱只是为了引起老师或同学的注意。心理专家埃里克森曾指出，需要时刻获得他人的关注是人类的天性。一些学生由于无法从学习的过程中获得认可，于是便做出一些出格的行为吸引同学的目光。

【案例】“我是男孩儿”

阿文，一向小话多多。这不，昨天又因晚自习时讲小话被学生干部记名了。

早读课后，阿文便理直气壮地把情况说明交给了我。我一看，顿时火冒三丈：阿文竟将“200字以上的情况说明”浓缩为：“我是男孩儿!”

“我是男孩儿!”这就是他昨晚说话的全部理由!

站在讲台上，我几乎要气晕了。我这个电工班，全部是男生，有老师开玩笑说：“一个老妈带着58个儿子。”如果个个都像他，那我这个班主任就别做了。

煎熬了一天，晚自习的时候，我看到阿文又在那儿说话。我强压着心中的怒火走进教室，平静地说：“请同学们放下手中的笔。我们一起来看看阿文同学今天早读课后交来的‘情况说明’。”学生们纷纷放下手头的活儿，抬起头看着我。这时，我故意抑扬顿挫地说：“昨天晚自习，阿文同学讲话的理由是——‘我是男孩儿’。”话音刚落，全班58个男生便爆发出排山倒海般的笑声。有的捶桌子，有的踢板凳，有的竟然激动得互相捶打，似乎长期积压在他们心中的一股怨气在这一刻得到了彻底的宣泄。阿文也很“荣耀”地享受着周围同学对他的推搡和捶打，俨然成了他们心目中的英雄。

我没有制止，事实上我也没有办法制止。待教室里平静之后，我问：“阿强，你说说，为什么你是男孩儿就值得骄傲，你爸爸妈妈、爷爷奶奶就要特别宠爱你，把你当成宝?”

“老师，又不是我说的，你干吗问我?你问阿文啊!”阿强这个臭小子真不会做人，我本想找个台阶下，可他却不愿给我搭梯子。没办法，我只得硬着头皮说：“那好，阿文，那就请你说说。”“老师，这还用说吗?男孩儿，能传宗接代，继承香火。”阿文嬉皮笑脸的回答又赢得了一片掌声和笑声。

看来，这帮臭小子并没有把我的认真当作一回事，我不能就此收场啊，于是，我调整思路，顺着阿文的话说：“有句话说得好——‘男人要对自己狠一点儿’。想一想，如果你们今天不对自己狠一点儿，将来你们能成为一个真正的男人吗?经得起风雨，担得起对家庭的责任吗?对得起爸爸妈妈、爷爷奶奶对你们的宠爱吗?‘我是男孩儿’，就意味着你们和女孩子相比，要承担起更大的家庭责任和社会责任。我希望从今往后你们要明白，‘我是男孩儿’是勇敢、自信、责任的代名词，而不是你们放纵自己的理由。”

说完，我走下讲台，没有掌声，也没有笑声，班里安静极了，我心里也痛快极了。只见那些为“我是男孩儿”而骄傲无比的男孩子一个个都打开了书。我注意到再无人为之喝彩的阿文正在埋头写着什么。

第二天早读课后，阿文又交来了一份“情况说明”，内容仍只有几个字：“以后不说话了。”

后来，阿文讲小话的号召力小了很多，班级纪律也好了很多。不知是因为他们怕我这个“老妈”再那样不屈不挠地说教，还是因为阿文发现，小说小动再也无法为他带来荣耀了。

（广东省佛山市三水区工业中等专业学校　王金凤）

五、有了别的事情占据注意力

在电影《肖申克的救赎》中，主人公在一本《圣经》里藏了一把鹤嘴锄，连挖了20年的洞，成功越狱。在当下的学校里，学生也用这种办法“越狱”，不过，监狱换成了上课的课堂，鹤嘴锄变成了手机、小说……

【案例】“老师，你让我坐到后排吧”

开学第一节课，我给学生安排座位。我关照全班个儿最矮的“小不点儿”小明坐在第一排中间时，他却说：“老师，你让我坐到后排吧！我愿意把这个位置让给视力不好的同学。”“你还是坐前排吧，方便看黑板上的字。”我关切地说。可小明不领我的情：“老师，你放心，看不见，我会站起来，我站起来可比他们高啊！”看着小明一脸认真的样子，我同意了，并当众表扬了他。表扬小明的时候，我发现有几个学生冷笑着，嘴里还嘀咕着什么。

“小不点儿”的“另类”让我留了心。我发现“小不点儿”上课时爱低头，手里总是在摆弄着什么。每逢看到这种情形，我就走到他身边来提醒他，但我一离开，他便又低头开始摆弄。为此，我专门找他谈心，可我还没有开口，他就一股脑儿表决心，甚至还发毒誓。表完态、发完誓后，他就一言不发了。

为了揭开“小不点儿”的秘密，我去请教师父，师父说：“你打不开这个学生的心结，原因可能很多，但目前最重要的是要弄清楚他上课为什么低头。”于是，我和师父商量了一个计策。

一天晨会时，我告诉学生，第二节语文课我有点儿事，嘱咐他们自学课文。第二节课上了一会儿，我悄悄地来到教室后门旁，透过后门的小窗口，看见“小不点儿”低着头在一本密码本上鼓弄着什么，再仔细一瞧，他正在密码本中间玩手机！原来他在密码本中间挖了一个和手机一样大小的坑，把手机安装在密码本中间。我总算明白了，每次上课，他摆放在书桌上的密码本不是课堂笔记，而是“手机套”。

（甘肃省会宁县刘寨乡教育管理中心　冉中选）

第二节　应对策略

一、相反预期策略

【案例】有心栽花花亦开

即将结束新课时，我瞥见了第一排右角上的小迪在全神贯注地表演着“特技”：他用一本历史书挡在右边，脸埋在书中，右手正在用力地捏转着一枚硬币。

这孩子，就是好小说小动。为了改掉他这个毛病，我给他调过很多次座位。和内向的男生同桌，结果，他把同桌带得也讲小话了；和全班都敬而远之的纪检委员同桌，纪检委员被他气得要辞职。没辙，我听了班委会的建议：让他坐在第一排的墙角，尽量少干扰其他学生。

论智商，小迪绝对一流。科任老师都向我反映过，他上课时就没怎么注意听过课，但成绩还一直能在班里保持前几名的位置。

“这节课还剩一段时间，我们通过一个活动巩固一下。”小迪眨了眨眼睛，很快接过话茬：“好啊，好啊。我最喜欢语文活动了！”

“我们学习的是人物描写。要不，咱们就以一个人物为观察对象，现场为他画像？”我试探着问。

看到大家没反应，我接着说：“这样吧，大家就为老师画像吧？”

“那多没意思。再说，谁也不好意思用犀利的语言去刻画您吧？”又是小迪。他总能一针见血。

“那你说应该推选谁呢？”

“这个学生，应该是大家都熟悉的、棱角分明的、给大家留下深刻印象的才行。”小迪抢着说。

“那就你呗！大家用掌声有请小迪上台！”我乘势而上。掌声响起后，小迪只好走上讲台。

十分钟过后，学生们陆续展示了自己的人物描写作业。

“展现在我视野中的是一个性格开朗的小迪，从他炯炯有神的大眼睛上就可以读出。即使表情平静，也能看到两个对称的小酒窝留下的浅浅的痕。这一刻，他或许在想：我为大家的人物刻画做出了牺牲，大家为我鼓掌。我真幸福！”小旭是第一个展示作业的。

“我看到的小迪文静沉稳，一字剑眉写满的是成熟，是坚毅。那扇心灵的窗户里透露出的是学业路上的自信。今天，这几分钟的观察让我走进了你的心。小迪，以前错怪你了！”说罢，纪检委员还专门走到讲台上和小迪来了个拥抱。

…………

“我原以为，大伙儿会把我描绘成一个无可救药的坏家伙，没想到竟然获得了你们的掌声。这十分钟里，我一直在想，我要改掉缺点！”小迪的话语刚落，掌声就热烈地响了起来。

（安徽省蒙城县板桥中学　于永军）

【解析】

案例中教育者的教育行为看似平淡无奇，实则完全出乎学生的预期，在学生心中产生认知和情感冲突，从而达到教育目的。这种教育方式就是采用了相反预期策略。

陶行知的“四颗糖”是一个广为流传的教育故事，孩子本来是准备接受批评的，结果反而受到了表扬，这样一种巨大的心理反差使得学生产生了一种强烈的自责心理，激发了他反省和向上的力量。

在于老师的案例中，同学们的赞赏实际上是批评，使小迪主动承认并真心渴望改正自己的错误。

现在的学生常常会揣摩教师和家长的心理。教育者的教育行为如果都在学生的意料之中，往往收不到效果。

在实施相反预期策略时要注意两点：第一，教育者的教育行为要完全出乎学生的预期；第二，其教育行为虽在意料之外，却也在情理之中。即教师在实施相反预期策略时，不能为了相反而相反，而必须合乎情理地“反其道而行之”，这样，学生才会对教师的教育心服口服。

（上海市平和双语学校　万玮）

二、自然惩罚策略

【案例】办法总比困难多

上午第二节课刚打上课铃，我到班里例行巡视，在后门处就发现坐在最后一排的小飞又拿出一本《故事会》在数学课上“认真研究”。又是小飞！在课堂上，他不仅爱看小说，还爱写一些乱七八糟的文字传给同学看。这学期已经收了他好几本课外书了，也批评教育了多次，收效甚微。

我非常生气，立马把小飞叫了出来。“怎么不认真听课，又拿小说看？记得你当时是跟我怎么保证的吗？”上次他信誓旦旦地向我保证：“绝对不会上课、上自习时看小说、杂志，传纸条了，要是再犯就任由老师处置。”“你说现在怎么办吧！”我厉声说道。“老师，我控制不住自己，我无话可说，甘愿受你处罚。”他倒是挺遵守诺言的，要是能这么义气地遵守纪律该多好啊！

这个小飞啊，写检讨书、扣分、罚站、学校通报这些常规的处罚方式都用过了，就差通报家长和回家反省了，他就是死活改不了。难啊！怎样才能既收到好效果又不至于让场面太尴尬呢？

突然灵光一现，我调整了一下情绪，不紧不慢地说：“你说，上高二以来看了多少小说，搞了不少创作，积淀很深厚了吧？”他羞愧地低下了头。“我给你布置一项任务，如果完成得好，不但不追究你的责任，还有奖励。”他眼睛一亮。我继续说：“给你一周时间，写一篇三千字左右的小说。如果完成得好并且成功发表，我自费给你订一年的《故事会》，怎么样?”小飞一听傻眼了，忙说：“老师，我写不了啊，我写八百字的作文都费劲，哪能写小说啊?”

我当然知道他写的那些杂七杂八的东西上不了台面，我就是要将计就计：“积累了这么长时间，应该把你的特长发挥出来，释放一下你的能量，说不定你还会一发而不可收呢!”“老师，我知道自己错了。我对不起你的教导，我让你失望了，你打我、骂我一通吧，这回我真记住了!”“那下次你文学爱好如果再无法扼制，必须交出一部作品哦!”我不温不火地说。这一步意外之棋，比任何直接的处罚都让他难受多了，印象也会更深刻，更重要的是，让他感受到了自己的实力与水平。实际效果不言而喻，而且，我还有后续的配套措施呢。

（山东省沾化县第二中学　朱兴存、高丽丽）

【评析】

自然惩罚的思想是卢梭提出来的。卢梭认为，儿童所受到的惩罚，只应是他的过失所招来的自然后果。卢梭把它称为“自然后果”原则。

在实施自然惩罚策略时要注意以下两点：第一，教育者不直接实施惩罚；第二，教育者要创造一切机会使学生的错误后果尽可能快、尽可能大地显现出来。

有位教师提到，其班级的一名学生有次通过作弊考试成绩名列前茅，教师却佯装不知，还在班里表扬了他，并在课后的谈话中鼓励他下次继续保持这样的成绩。教师的表扬实际上给了孩子很大的压力，这名学生因为作弊，不得不付出改变学习方式而发愤读书的代价，结果，在后面一次考试中，虽然没有达到前一次的水准，但比他平时的成绩已经上了很大的一个台阶。这是一种自然惩罚策略的运用。就好比一个人吹牛说，他的本事很大，能怎么样怎么样。我明明知道他在吹牛，却不点破他，而是要求他帮我一个忙。你不是本事很大吗？这点儿小事应该不在话下。然而，这对于他来说其实非常困难，但他又无法拒绝，于是陷入困境。让他自己来承担后果，以此促使他后悔并反省自己的吹牛行为，这就是自然惩罚策略的核心思想。

案例中的老师就是这样让学生承担“上课看小说”的后果的，从而警醒了学生。

（上海市平和双语学校 万玮）

三、负强化策略

【案例】讲自己的课，让学生“说”去吧

乍一看这个标题，你一定会觉得我没有责任心，是个不称职的老师——学生在课堂上说话都不管！实践出真知，其实“管”与“不管”我都经历过，有着独特的切身感受。

我班人数较多，课堂上总有少数学生爱说闲话。为了关注所有学生，我上课时总要留心那些爱说话的学生。一次上“正比例”，这本身就是一节比较抽象的概念课，那几个学生还在下面说话。我一会儿看看这个，一会儿瞅瞅那个，结果他们几个变得越发得意。几经折腾，虽然课堂纪律好了很多，可我的教学思路却被打乱了，说实话，我甚至有点儿不知所云的感觉。那节课我上得很累，但学生却一脸茫然，我知道有不少学生没弄懂，肯定对这节课不满意。

课后，我及时进行反思：为什么会出现这样的情况呢？主要是因为我过多地关注纪律，分散了精力。

过了两天上“比例尺”，同样是节概念课。课前我准备充分，开课就很顺利。我从我国陆地面积讲到学校文化墙上的地图瓷画，通过创设生活情境揭示课题，顺利进入探究环节。正当我暗自高兴时，那些爱说话的学生又在下面偷偷说话了。真可气！但我很快冷静下来。“不能再像上次那样了！”我暗暗对自己说。终于，我战胜了自己，不仅没被那几个学生影响，而

且思路越来越清晰，课讲得越来越精彩。当我又一次向那些说话的学生看去时，简直不敢相信，他们不仅没说话了，还坐得非常端正，听得异常认真。

当你在讲自己的课时，让学生“说”去吧！

（湖北省谷城县实验小学　李文俊）

【评析】

“负强化”理论出自斯金纳，有些教师学习起来觉得吃力，在教育层面上可以将之总结为一句话：学生会因为某种行为得到强化，从而提高该行为发生的概率。通俗点儿说，对于学生来说，不管是好的行为还是坏的行为，之所以养成，都是因为通过这种行为得到了某种“好处”。

那么，我们教师应该怎么做呢？

很简单，对于一些好的行为，我们分析一下学生因此得到了什么好处，就加强之；对于一些问题行为，我们分析一下学生因此得到了什么好处，就消减之，也就是进行负强化。这就是斯金纳强化理论的最基本的应用。许多教师上课时会发现这样一类学生：他们学习成绩一般，但不论教师问什么问题都积极参与，不管回答是否有错，特别喜欢在教师上课时插嘴，非常生硬地想把自己表现一下，甚至有时候他们会在课堂上故意出丑，惹得大家哈哈大笑。如果老师批评他们，他们往往毫无愧疚之情，而且显得有些兴奋。被批评时答应得很好，但一回到课堂上又原形毕露。对于这类学生，国外有个称呼叫“课堂小丑”，那么，他们为什么甘于做“课堂小丑”？教师又应当如何来处理呢？

要想知道为什么有些人甘于做“课堂小丑”，首先要弄清楚他们不惜损害自己的形象博取大家一笑能得到什么好处。其实很简单：“课堂小丑”不论是非，重要的是得到了众人的关注，吸引了眼球。如果好处是这样的，那么处理起来思路就很简单了：在他搞笑、作怪的时候，让他无法得到其他人的关注。

在上面的案例中，老师“不管”其实就削弱了讲小话学生得到的“受到关注”的好处，从而达到了教育目的。

此类问题处理可以参考下面的步骤。

一是不论这个学生如何搞怪，教师都不要看他，目光不能与他接触，而要冷处理。

二是与此同时，要把其他同学的目光吸引过来，让他们也不要关注他。

三是走近他，以身体语言来表达对他的不满，但不与其进行目光接触。

四是表扬他身边遵守纪律的同学。

最后一步很关键，当事的学生在失去众人的关注之时，必然会失望，此时要给他提供一个榜样，同时暗示他：像你这样作怪扰乱课堂纪律的，老师不会关注。老师关注的，是你身边遵守纪律的同学。如果他有所收敛，就要马上进行肯定和鼓励，这样就会慢慢将其引到所预设的方向上来。

（华南师范大学　迟毓凯）

四、社会性强化策略

【案例】帮他找到朋友

周四下午，我路过教室。“王老师，你来一下！”音乐老师朝我招招手。我走过去，她指着教室里一个正在满教室爬的孩子说：“这孩子怎么这样？我的课还怎么上啊？”

唉！已经记不清这是第几位任课老师第几次向我告状了。那个让老师们头痛的孩子叫小成，每天他都会上演很多不同的戏码。例如：上课时即使发生了一件稀松平常的事，他也会旁若无人地哈哈大笑；下课时一边大喊大叫，一边追着同学打；上课时在教室里爬来爬去，拍拍你，推推他……

因为他的存在，很多老师甚至怕到我们班上课，这让我很揪心。看来解决这个大难题，已经迫在眉睫。我打算从了解小成开始。

第一步，我找了很多被他欺负过的同学，调查了很多问题。比如：小成为什么会打你？打得疼不疼？他是在什么情况下吐口水的？下课时他大喊大叫，都说了些什么？

第二步，找了我们班几位任课老师了解：课堂上，小成一般什么时候会大笑？他是一上课就在地上爬，还是课上了一半才开始爬的？

第三步，与小成的妈妈进行了一次长谈，了解了小成平时在家中的表现：有哪些做得好的地方？平时老师教的功课他会不会？他最喜欢上哪位老师的课？在尊敬长辈方面，家里平时是如何教育他的？有哪些问题需要学校协助？

第四步，找小成谈心，问他：觉得学校好还是家里好？有没有好朋友？平时有哪些爱好？有没有被同学欺负过？

调查结果显示：小成特别天真，对新鲜事物很感兴趣，想象力非常丰富，常会沉浸在自己的小世界中。平时打同学、吐口水并不是恶意伤害，就是想让别人多陪他玩。他的行为习惯比同龄孩子要差，自控能力较弱。

那么，如何帮助他呢？我在寻找机会。

春游过后，我帮孩子们把照片洗了出来。课间，学生们都在欣赏自己与同伴们的合影。我也在看学生给我拍的几张照片，突然，我听到了“呵呵呵”的笑声，一回头，发现小成站在我身后。我问：“小成，你笑什么啊？”他偏了偏头，指了指照片说：“老师，看，这张照片把我也拍进去了，这是我们的合影。”这时我才发现别的孩子手上都有好几张与好朋友的合影，而小成的手里只有一张孤零零的集体照，他的周围也没有一个与他分享快乐的孩子。我的心里突然一阵酸酸的，觉得小成很可怜，于是，我说：“小成，你喜欢这张照片吗？”他说：“喜欢啊。”我笑着说：“那我把这张照片送给你吧，不过你一定要保管好哦！这张照片是属于我们两个人的。”小成很开心地接过照片，小心翼翼地拿着，又使劲地点点头。此刻，我觉得他只是一个普普通通、需要朋友的孩子。

为了不影响其他同学学习，很多任课老师都要求学生专心听讲，不要理睬调皮捣蛋的小成。久而久之，在大家心目中，小成就成了“坏孩子”的代名词，好像谁跟小成玩，谁就会变成坏孩子似的。所以小成只有靠一些过激的行为来吸引别人的注意力，这样就形成了恶性循环。我想，要从根本上改变小成，就要先改变他没有朋友的现状。

第二天晨会课时，我神秘地对大家说："同学们，老师交了一个新朋友，你们想不想知道他是谁？这样吧，我说一段对他的介绍，你们来猜一猜，好吗？"

学生们说："好！"我清了清嗓子："第一，他是一个男生。""啊？"女生有些失望。"第二，他长得很帅哦！"同学们哈哈大笑起来，但还是不知道是谁。"第三，他上课时满地乱爬的坏习惯已经快改掉了。""小成?!"学生们异口同声，满是不可思议。我说："是啊，就是小成！他最近的进步可真大呀！讲卫生了，上课时很少大喊大叫了，老师还特意送了他一张我们俩的合影，这是我们成为好朋友的见证！"小成立刻自豪地从书包里掏出照片来给大家看，我看到照片被一个很精致的小相框装了起来……

从那以后，每当他有一点点进步时，我都会在班上对他表扬一番。由于我的"偏爱"，慢慢地，同学们不再觉得小成是一个与众不同的孩子了。小成的朋友渐渐多了，他脸上的笑容也越来越多了，小说小动的行为也慢慢没有了。

（江苏省丹阳市云阳学校　王丽萍）

【评析】

什么叫社会性强化？心理学认为，人和人互动就形成社会性，社会性强化就是通过人和人互动的形式来达成对学生的认可和肯定。微笑、赞赏、点头、注视、拍手、斥责、告诫等都是社会性强化。这些在教育和管理学生中都能起到很大作用。

我们设想一下，老师认为一个同学近期表现不错，值得肯定，但由于自己整日授课，已经懒得说话了，那么怎么办呢？其实什么都不用说，在上自习课的时候，走到那位学生身边，拍拍他的肩膀就足矣。如果他的感觉不是很强烈，那么你就连拍他一个星期的肩膀，可以肯定的是，他的感觉会完全不同，他会觉得已经肩负着老师的层层信任与重托。小学教师则可以有更灵活的方式，拍拍脑袋、拥抱都是合适的。

要注意的是，对小学生可以又拍又抱，而对中学生更重要的则是让周围的人都知道他做得好。因为中学生一般很在意周围的人怎么看他。表扬中学生的时候是直接表扬他好，还是背着他在他朋友面前表扬他好呢？后面一种表扬方式更好。这可以降低他对教师表扬动机的怀疑。还可以在家长面前表扬孩子，这样家长高兴，孩子更高兴，这是三方共赢的好方法。

（华南师范大学　迟毓凯）

五、活动性强化策略

【案例】当课堂吵闹变成“中国好声音”时

作为普通班的班主任，总会遇到喜欢在课堂上叽叽喳喳说话或者爱接话茬的孩子，还有那些手不停脚不住、小动作不断的学生。

新接手一个班时，开学前两周星期二的班会课我都是全程管理，这个昔日吵闹得让隔壁班都十分烦恼的“麻烦制造者”没有让我发现有什么特别之处，而那几个据说最喜欢小说小动的学生也表现得规规矩矩，这让我充满成就感，同时又十分怀疑。为了获得真实情况，在第三周的班会课时，我决定迟到十分钟，看看班里究竟会出现什么情况。没想到隔着几个班都能听见我班吵吵闹闹的声音，这与前两周的情形可有天壤之别。我怒火万丈，很想痛斥他们一顿，但又想到我刚刚接手这个班，如果现在采取暴风骤雨式的痛批管理方式，学生的积极性和自信心会被摧残，逆反心理会陡然上升，师生关系会变得非常紧张，整个班级氛围立马就会进入可怕的寒冬。通常退一步，会进两步，所以，我决定采取随和与幽默的方式来教育他们，我微笑着悠然自得地走进班级。伴随着学生异样的眼光，我“嘘”了一声，然后指了指墙上的挂钟和黑板上的课程表，暗示班会课时间早就到了。这个动作让学生自觉安静下来，他们迅速进入学习状态。

班级安静下来后，我言简意赅地讲完相关班级纪律、卫生、学习与安全等方面的内容，离下课还有二十分钟，我想再次检验一下班会课的效果和班级的真实纪律情况。于是我离开教室回到办公室，准备三分钟后返回，就在回教室的途中，只听见我班有名的“女高音”倪同学和姚同学在大声说闲话。当她俩的目光与我对视时，我没有看见羞愧与害怕，反而看见了挑衅的神情。“冷静，冷静，再冷静，不要冲动。”我不断告诫自己。经过紧急思考，我没有直接批评和指责，而是面向全班同学表达自己的感慨：“我以前不能真正理解‘未见其人，先闻其声’这句话，现在终于理解了。我们班的倪同学和姚同学的好声音既是天然的财富，也是班级的一种有效资源。倪同学声音洪亮，十分威武，不亚于《中国好声音》中吴莫愁的‘霸气侧漏’，这种被导师哈林誉为‘摧毁式’的声音，如果用在班级管理上，肯定法力无边；姚同学的声音就像《中国好声音》中的张玮一样，那高亢嘹亮的尖嗓子一出，犹如‘闪电划过’，全场震撼，如果把这种声音用在班级管理上，效果肯定十分明显。我建议，倪同学担任本班班长，姚同学担任本班纪律委员，只要她们用好自己的‘美声’，我们班在高二年级文科班中肯定是独树一帜的。”整个班一片哗然，而后寂静下来。

班主任高调赞扬的后面是什么？学生们若有所思。

然后我把倪同学和姚同学叫到教室外面，我带上记录本，面带微笑，请她们帮助我分析班情和学情，并设计班级管理制度。我的微笑显示出我的自信和宽容；我用心倾听，认真做笔记，显示出我的真诚。于是，她们的神态变得自然而亲近起来，说话也十分直接，提出的建议很有针对性。

但快要下课时，倪同学和姚同学的眼中不时透露出一丝不安的神色。显然她们还是怕我把这件事反馈给家长和政教处，新学期刚刚开始，她们肯定不想让家长失望，也不想再进政教处挨批。我决定主动消除她们不必要的忧虑。找来两张纸条，我在上面写上：“你们在新学期进步较大，现在成为我的得力助手，我会通过家校通与你们家长联系，还要表扬你们。”我递给她们纸条时，她们开心地笑了。

下课后，她们俩递给我一张纸条，原来是一张承诺书：“谢谢您对我们的信任和尊重，我们不仅保证自己在课堂上不再说闲话、做闲事，做到以身作则，还要说服、管理好全班同学，以后的自修课就交给我们负责吧!”

（浙江省龙游县第二高级中学　段云成）

【评析】

活动性强化又称权力性强化，即赋予一部分同学特权性的活动。活动性强化实质是权力的赋予。

虽然对“封官”之类的举措，家长、孩子都认可，但我还是建议各位老师慎重使用这种办法。一是这种做法属于“官场文化”在校园生活中的反映，会催生一些“小官迷”，让他们沉迷于“三道杠”或者“五道杠”，这等于过早培养孩子的功利之心；二是心理学研究表明，一项权力的赋予当然令人开心，但赋予权力之后再给予剥夺，人的失望会很强烈。所以，当教师用“封官”的办法鼓励学生的时候，存在一个风险：他在这个“官位”上做得很好的话，没有问题；如果做得不好，教师要换人的话，对他的心灵伤害就很大。

那么，在学校中就不能用这种活动性强化来表扬学生了吗？当然不是。虽然活动性强化伴随着权力的赋予，但权力不等于“官”。比如教师上课时，突然想到一件东西忘在了办公室，需要一个学生帮忙去取一下。这时，你常常要谁帮你去取呢？是班长、课代表、学习委员，还是其他同学呢？其实，许多教师都用过这种办法：谁表现突出，就让他自由选择座位；这次考试谁考得好，就让他来出考试题；等等。这些事情，学生做得起劲，教师也感觉轻松。每个学生都觉得老师最爱我，自己与老师的关系特殊，这种感觉是非常微妙、非常好的。

当然，活动性强化有一个前提，即教师是学生心目中的重要他人，教师在学生心目中的地位越重要，那么他的这些策略就会越有效。

（华南师范大学　迟毓凯）

第三节　三个特别提醒

一、别让提问成为惩罚

上课期间，抓住学生注意力的最简单方法就是提问学生。因为要回答问题，学生就必须认真听老师讲课，这就迫使学生集中注意力，从而可以避免学生开小差行为的发生。不过，这种技巧应谨慎使用，否则会适得其反，尤其是有的老师把提问当成一种惩罚手段时。

平心而论，老师通过提问来惩罚学生，用心是好的，本意是为了让学生集中精力，注意听讲，但效果往往相反。因为它会伤害学生的自尊心。

【案例】释放他们的表现欲

有过跟班教学经历的老师都会有这样的感觉：学生年龄越大，越是不爱举手发言，进行课堂互动越困难。但是，倘若你的班里有那么几个爱出风头、爱显摆的学生，情况或许就不会那么糟糕。

对于这类学生，如果你能善加“利用”，他们不仅会使你的课变得有趣、丰富起来，还可以驱走沉闷，活跃课堂气氛。可以说，这些活跃分子好比教室空气的催化剂。

然而，每一枚硬币都有正反两个面。这些活泼好动的学生，反应很快，表现欲极强，但往往对问题思考得不够，思维也不够严谨。如不加以引导，长此以往，不仅会助长其已有的浮躁，而且对提升其思维品质也是不利的。

因此，爱说的他们常常会在课堂中遭遇到我连续的发问，并因此陷入言穷词尽、哑口无言的尴尬境地……这种层层深入、连珠炮式的提问，不仅会使他们过剩的精力、表现的欲望得以很好释放，还能将他们对问题的思考引向更深的地方。

此外，我还常常采用横向比较的方式“刺激”他们。同一个问题，我常常会让爱说的他们先说，待他们自鸣得意之时，我再搬出那些思考周密的学生来。那些真正的高手，他们举止斯文，表现稳健，对问题的看法全面而深刻，常常能一语惊人，博得大家的掌声。通过对比，一巧一拙，不用你多说，他们便会认识到自己的不足。久而久之，他们便会学会如何冷静而有条理地表达自己的看法。

总之，对于那些喜欢表现甚至卖弄的学生，必须释放他们的表现欲。在必要的时候，也可以挫一挫他们的锐气，但绝不能伤害到他们的自尊心。这类学生，聪明、要面子、自尊心很强，你只需一个有意无意的暗示，他们便会明白。但要让他们彻底改变，变得稳重而有涵养，却是需要时间的。

（安徽省定远县炉桥小学　王明明）

二、别让关注成为压力

【案例】好孩子的伤，最痛

学习好的学生接受能力较强，在课堂上经教师一点拨往往就能较好地理解所学的新知识，而老师在讲解知识时必须兼顾那些理解能力稍差的学生，这时候，那些理解能力强的学生当中就有人不愿再认真听老师继续“唠叨”下去了，于是就开起了小差，做起小动作来。

我常见到一些教师对个别学习较好但课堂上爱做小动作的学生说：“如果你上课再认真一些，学习再用功一些，那你的成绩将更加优异突出……”还有个别教师干脆采取极端的做法，如试图通过惩罚或恐吓让他们改掉不良习惯。在这些教师看来，不管采取什么手段，只要让他们上课认真听讲，学生的学习成绩就会更好。可是，事实果然如此吗？

我在天津某重点学校任教时，有个学生，从初中到高二，他的学习成绩始终保持在年级前十名之内。可是快要进入高三冲刺阶段了，他还是保持着平时不紧不慢的样子，上课时依旧喜欢做小动作，这可急坏了班主任。有一天，班主任严肃地对该生说："我当老师这么多年，见过很多像你这样临到高考时还不紧不慢的所谓学习成绩好的学生，考不上大学的大有人在。"班主任的本意是想吓唬一下孩子，让他改掉坏毛病，将来能考出好成绩。她的话确实极大地触动了这名男生，从此再也没有见到他上课分心的现象出现。可是，最后他连续几年也没有考上大学。像这样的情况在我当时所在的学校是很罕见的，我想，那位班主任的恐吓在该生心里产生的副作用可能有一定的影响。

我相信，前面提到的那些班主任的动机都是好的，但他们的做法无疑存在问题，其结果往往事与愿违，不仅不能对爱做小动作的学生起到教育、帮助的作用，反倒会在他的内心留下难以抹去的自卑阴影。

（未来门）

三、让孩子成为他本来的样子

【案例】儿童的世界里没有"小说小动"

我初当班主任时，带了一个调皮学生众多的班级，小说小动的孩子很多。一名男生上课时貌似在听讲，可请他起来回答问题永远是答非所问；一名男生总喜欢捉弄身边的同学，你以为他低下身是去捡笔，他却将同桌的鞋带系在了一起；还有一名男生，上课时双手总是放在抽屉里，你去检查，那里面简直就是一个工作坊，螺丝、剪刀、钳子、电线、钢丝等应有尽有……

那些孩子最终并没有什么太大的改变，不过还是顺利毕业了。我则从与他们"斗智斗勇"的经历中汲取了很多经验教训，后来迅速成长为一名颇有些治班心得的班主任。

我后来明白了两点：一是他们对我的"帮助"比我对他们的"帮助"要大；二是幸好我对他们没什么"帮助"，因为作为一名菜鸟级教师，我要是乱“帮助”，结果可能比不帮助还糟糕。

长期工作在教学第一线，备感教学质量的压力，我十分理解老师们遇到这些学生时的气恼心情。类似“一粒老鼠屎”的愤懑，大部分教师不会明确地表达出来，但心里面一定暗暗地抱怨过。但是，在思考如何教育、改变这些孩子的时候，我们必须清楚地认识到这样一个事实：在传统的学校、传统的课堂里，老师越负责越敬业，他们的生存环境就会越恶劣。

前不久，江西临川二中一名高中男生刺死收走他手机的班主任的悲剧，正是这一事实的典型表现。在临川二中，该男生与其班主任的口碑截然相反：班主任认真负责，学生则厌学、粗暴。该事件看起来是非分明，我却试图去理解那名最终选择自首的男生的痛苦与悲哀。

一位朋友告诉我，他的孩子由于学习困难被老师建议去医院检查并诊断为多动症后，他用了许多办法——药物治疗、营养搭配、爬行活动、跳绳训练、游戏矫正……几乎能用的方法都用了，成效并不明显。他算是很有耐心的人了，但在陪着孩子做家庭作业的过程中，眼看着孩子两个小时都做不出几道题，忍无可忍地气恼发火，看到孩子眼含热泪之后又后悔、心疼，其心路历程让我也不禁动容。

当我们在指责这些破坏纪律的调皮学生时，又有谁想过他们及其整个家庭无法言说的苦楚？

我有一位朋友对多动则有不同的看法。首先，他不认为多动是病。“所谓的‘多动症’，其发生群体是儿童，有谁很严肃地说成人有‘多动症’的？”他问。

其次，他认为：“小时多动，长大之后反而可能更有成就。这样的例子很多，如爱因斯坦、爱迪生、安徒生、达·芬奇、毕加索、莫扎特、乔丹乃至我国的羽毛球运动员林丹等。”

再次，他说：“我自己小时候就是‘多动症’。现在长大了，仍然比普通成人有一点儿多动，那又怎么样？我不照样生活得很幸福？有车有房，有老婆、儿子，有事业。”

正因为自身的特殊经历，他对教育的看法就有些前卫。有一次，学校教导主任约他见面，说他读小学的儿子上课时一个人在操场上散步，而上课的老师并没有制止——事实上，他的儿子太好动，老师根本制止不住。“请不要怪我们，我们已经尽力了。”教导主任说。

“我怎么会怪你们呢？我感谢你们还来不及呢。谢谢你们能够给他自由。我对孩子在学校的学习没有任何要求，只要你们给他自由。”

于是皆大欢喜。

作为一名教育工作者，我要向这位朋友脱帽致敬。因为他已经跳出了普通人对于教育的狭隘的认知局限，真正做到了知行合一。

在他的认知世界里，小说小动不是毛病，不需要改变。教育所要做的，是顺应孩子的天性，尊重他们成长、发展的规律。“通常监狱里会给重刑犯戴手铐，对于死刑犯则会采用最严厉的‘背铐’——两只手铐在后面。我们的传统教育，对小学生实施的就是这样的‘背铐’，这是最残忍的刑罚。”他对传统教育的批判是如此鞭辟入里。

现代教育强调以人为本，更趋向于关注儿童身、心、灵和精神的整体健康和发展。以近些年被越来越多人认同的华德福教育为例，其课程设置非常注重艺术教育，如语言、话剧、讲故事、唱歌、绘画、奏乐器、韵律舞、游戏、手工、园艺和农艺等，华德福教育所信奉的理念是：“每一个人都是独特的个体，有其不可剥夺的价值与尊严。人要做的是开拓自己生命的意义，达成完善的自我。当一个人懂得自己之为人的尊严和价值时，他也就会尊重他人，尊重自身所在的世界，懂得感恩，懂得爱与分享。”在这样的学校里，是没有“小说小动”这一概念存在的。

在当下，大多数老师也许达不到这样的境界，因为有一些功利的欲望而产生虚妄的烦恼。那么，不如多一些关爱与宽容，少一些执着与“作为”——我的菜鸟生涯也就是这么过来的。如果孩子沉迷于一个手工游戏，就让他去玩吧——他从游戏中学到的，可能比我们逼迫他去学的，要有价值得多。

（上海市平和双语学校　万玮）

（策划　康红辉　班主任之友杂志社）

第六章
那些学习陷入困境的学生

问题学生并不都是学习上存在问题的学生，但是学习陷入困境、存在问题的学生，成绩的不理想极可能会让他在学校、班级、家庭中陷入困境，从而发展成为问题学生。

“态度决定一切”，所有的方法和技巧对学习陷入困境的学生真正发挥作用的前提是：理解他们的困境，保护他们的心灵。

第一节　学生偏科怎么办

很多学生都有偏科现象。家长和老师又着急又生气，功夫没少下，办法没少想，却总是不见效果：这一科你怎么就是学不好呢？

一、带领偏科生走出挫折的阴影

学生偏科，老师一般会选择紧盯他的学习和课堂表现。殊不知，对学生的关注过了头，反招学生不待见；每个学生的情况不同，倘若教师的处理方式学生不能接受，可能会导致事倍功半，甚至会导致结果与初衷南辕北辙。

【案例】我和学生浩然

这学期开学以来，我将重点放在了班里的中等生，尤其是这部分学生里英语成绩不理想的学生身上。对他们严格要求，课堂上频繁提问，课下经常检查，以期他们能够把成绩再提高一个台阶。

这种方法收到了一定成效，大部分被我经常提问的学生都有了进步。可是却也出现了新情况，浩然除了英语偏科之外，各科成绩都不错。在课堂上提问，十次有六次或者更多次他都答不上来。每次我都让他在座位上站几分钟，以此提醒他要集中注意力，用心听讲，用心记录。

后来他干脆理直气壮地回答：“我不会。”最后，干脆书本一合，站在座位上无所事事。

我决定找他谈谈，到了办公室，浩然一言不发。我谈了很多，他始终保持沉默。我讲完之后让他补充，希望他将自己心里想的都说出来，有什么郁闷、有什么委屈都一吐而快。可他只说了一句：“你都说得差不多了。”

今天的课堂上，又上演了以前的一幕。他把书一合，便优哉游哉了。

叫他到办公室，左等右等不见人来，派了三个学生去叫他，得到的答案是他不过来。当时我放弃他的心都有了，这样的学生，从教十余年来我还是头一次见。

（河南省新郑市新村镇第二初级中学　张保泉）

【评析】带领偏科生走出挫折的阴影

学生年级越高，学习的台阶越高，也就越吃力。随着年龄的增长，孩子们越来越敏感，遇到挫折时，心里容易发慌，挫折多了，很容易选择逃避，造成偏科。此时，老师要给他们更多帮助，让他们从挫折的阴影中走出来。

方法 1　制订计划跟上学习队伍

智力没有问题的孩子没有跟上学习步伐，可以制订计划，逐步赶上来。和学生列的计划可以是两条线： 条线是“拾漏”，另 ·条线是“抢先”。“拾漏”是把原来遗漏的知识点重新排查，把不会的都重新捡起来。“抢先”是预习，做到老师讲课前先熟悉一下，学在前面，带着问题上课，听不懂的下课及时问老师。

可以让学生列出一个表，把时间和学习内容填写清楚，有计划地完成任务。如果能够寻求科任老师的监督和帮助，孩子进步会更快。毅力不足的孩子，还需要家长支持和陪伴，以免半途而废。

[注意事项] 在赶上同学的过程中，偏科生需要比别人花更多功夫，很不容易，难免会有畏难情绪，因此要多给孩子鼓励，少批评。

最好是请相应科任教师先“侦察”，找到孩子的漏洞所在，再补漏。

方法 2　防止失败感扩展

有的学生走向偏科并不是因为所学知识有多大漏洞，而是因为学这科总是得不到表扬，成绩总不理想。家长、教师“哪壶不开提哪壶”，更易使孩子有深深的挫败感。有的学生某一科能得到好分数，老师表扬他，他就越学越有劲，而忽视不好的一科，甚至用好学科的成绩安慰自己和家长，其实这是找借口逃避内心的失败感。此时，要告诉学生公正地对待每一科，一科成绩好值得高兴，但不等于另一科可以放弃，这样不会解决问题，只会把问题搞得更糟。

［注意事项］道理讲一两次就够了，再多就是负强化了，容易让孩子认定“我就是偏科，没有办法”，使之成为消极的心理暗示。其实，有时候可以佯做不知；有时候，可以直接对他说你要做什么，从现在开始做。让学生在做对一道题的过程中体会“我在这门学科上还不是无药可救”。这点儿小成功，就可以让孩子更加努力了。

方法3　制定合理的目标

人的智力水平有差异，接受有快慢，有的人出现问题时自己也不知道为什么，觉得自己的学习没有问题，可一考试成绩比自己预料的要低，次数多了，就会很郁闷。如果是喜欢的科目，还有喜欢的老师，一定会特别有挫败感。要想解决这样的偏科问题，首先需要找一个此学科的老师，帮助孩子分析问题出在哪里，找到解决办法。其次是让孩子调整自己对分数的期望值，这样可以减轻他的心理负担。

（摘自王晓春、孙阳立《学习方法难题的160个对策》）

二、扬长补短，分类处理

谈到学生偏科，就不可避免地会联想到美国管理学家彼得提出的“木桶理论”，将之运用到学生偏科的问题上，就需要学生“补短”。然而，从另外一个角度看，“木桶理论”可以做另外的诠释，如木桶能盛多少水，取决于木板之间缝隙的疏密程度；斜着放置的木桶能盛多少水，取决于最长的木板。所以，又引申出另外一个话题：偏科的学生，“扬长”又何妨？于是，在如何指导偏科学生的问题上，出现了一个“矛盾”——“扬长”还是“补短”。根据我的经验，要回答这个问题，关键还得具体问题具体分析。大致来讲，可依据整体成绩的优、中、差分为以下三类。

（一）学优生中的偏科生，重在“补短”

这部分学生整体成绩比较优秀，唯有一两个学科较弱，只要较弱的学科上升，就能“问鼎名校”。他们的特点是学习能力较强，悟性较高，只要指导得当，“补短”可轻松搞定。所以对这类学生，主要是“补短”，关键是偏科成因分析。从我历届所带实验班中学生偏科的成因分析来看，主要原因是学生对学科或者学科老师心生畏惧，自我设限。解决的方法其实很简单——促进学生与学科老师交流，让他走近学科，持之以恒。我所带的2009级28班的班长小梦就是这样的典型代表，他的理科成绩能进全年级前10名，英语成绩却在全年级1000名之后，严重偏科。高一的时候我和他多次交流，但得到的回应永远是“我这辈子都学不好英语了”。他采取的方式自然是扬其长，以理科的高分填补英语的失分，总分勉强能保持在年级前100名内。高二文理分科后，我有意让一名理科中等偏上、英语出色的学生小平和他做同桌。第一次月考后小梦就主动找到我分析成绩了，他的理综成绩比小平高30多分，但英语比小平少了50多分。用他自己的话说，就是伤自尊了。我坚定地说道：“唯一的办法是面对，让英语成为自己的朋友，在英语学习中找到学习理科的那种感觉。”经过协商，我和他达成了以下共识。

①每天记10个单词，并用其中最重要的一个单词造一个句子，请同学或老师修改后把这个句子背下来。

②每天晚修课的时候把英语作业放在第一科完成，无论花费多少时间，必须面对它，爱上它。

③提高理科课堂的效率，如果是已经非常熟悉的内容，可以直接在课堂上完成当天的作业，但要带只耳朵听老师的课，老师在提到重点内容时，

要注意听讲。提前完成作业，就可以为晚修课时补英语赢得更多时间。

④在英语课上，养成随手记的习惯，遇到不懂的都记下来，当天解决。

⑤一定要坚持，为了能更好地坚持，每天早上给班主任汇报前一天的学习心得、体会。

如此，两年以后，小梦高考英语考了121分，顺利考入重点大学。更令他惊喜的是，他大一就以高分通过了英语四级，大二就过了英语六级，大学毕业到现在在一家外企工作。

（二）中等生中的偏科生，重在“扬长”中“补短”

中等生中的偏科生，是班主任关注最多，也最感头痛的。因为这部分学生往往决定了班主任是否能完成学校下达的任务，可谓成也中等生，败也中等生。指导他们“补短”，往往是这一科见长，另外一科又下去了，总体分数提高不多。所以，面对这部分学生，我们尤为需要用心、用情、用智。这部分学生偏科的原因错综复杂，有心理问题，有学习能力问题，有学习技巧问题，还有家庭问题。细分下来，又可以分出好多类，这部分学生更需要分类指导。

①勤奋的中等生。这类学生以“勤奋”见长，立志成为“学霸”，终日“刷题”，却不“得法”。所以对他们重点在于学法指导，帮助提高学习效率，否则，他们极易因为付出和回报不成正比而转变为心理问题。他们需要在学科成绩整体推进提高后，再进行“补短”。2012级小尹就是这样的学生，化学成绩落后其他学科200名左右，于是他一口气买了三本化学参考书，结果陷入了题海中，不仅没考好，还越考越差，从学法问题变成了心理问题。所以对他进行指导时，我直接“没收”了所有参考书，让他先以最快的速度完成优势学科的作业和预习，最后将赢得的时间用来“一心一意”地研读教材，完成学校统一要求的练习册。如果心里觉得“刷题”少了，就反复做以前做过的题，反复读教材。一个学期下来，他的化学成绩明显提高。

②懒惰的中等生。这类学生以能勉强支撑局面为主要特征，只要总成

绩没有大面积下滑，就不会给自己“加码”，还自我安慰“学习没有必要那么累”。于是，教师和父母就给他贴上“懒惰”的标签。却不想学生也逐渐以“懒惰”自居，让它成为掩盖偏科的借口。其实，他们内在的心理是害怕自己努力了也不会取得进步。这部分学生，需要“补短”，但补的不是学习的短，而是心理的短。最好的方式是让他们面对自己的内心。我最常用的方法是激将与鼓励双管齐下。

③情绪化的中等生。这类学生很情绪化，被偏科成绩刺激后，热情高涨，满怀信心地努力，结果往往是三天不到，就又变得垂头丧气了。他们更需要班主任的鼓励和陪伴，更需要班主任帮他们客观分析偏科原因，制定方案。让他们快速获得成功体验是一个重要技巧。他们的成绩有了提高后再逐渐加大难度，提高要求，重在求“稳”。

（三）学差生中的偏科生，先“扬长”再“补短”

成绩整体偏差的学生，若再偏科，补短显然是不明智的，他们需要先“扬长”再“补短”。虽然也有“补短”后获得强烈自尊体验而成功的个案，但属于少数。大部分情况是先通过“扬长”，获得自尊体验，建立信心，然后补短才能成为可能。

以上分类是非常粗略的。偏科生，是“扬长”还是“补短”，这不是非此即彼的问题，而是相互关联、错综复杂的问题。班主任要提高自己的鉴别能力和分析能力，帮助学生找到真正的原因，然后对症下药。

（四川省成都市石室中学　梁岗）

三、学生为什么偏科

（一）智力结构、智力发展节奏有差异

过去我们认为人的智力只有高低差别，并没有认识到其结构也存在差

异。有人具有较高的运动天赋，能成为体育明星；有人具有很强的乐感，能在乐坛上占有一席之地；有人能言善辩，可以成为出色的律师；有人抽象思维、逻辑思维强，理科学习有优势，易获高分；有人形象思维强，适合从事写作、艺术工作；有人管理能力强，有企业家的潜质……

智力发展节奏也有差异，比如人们常说某人“开化晚”、“大器晚成”等。

（二）非智力因素

1. 认识偏激

学生不喜欢某位教师，就不学那门学科，从而导致偏科。中学时期是学生独立性和依赖性、自觉性和幼稚性错综交叉的时期。这一时期，学生的认识、感觉常常会产生偏差。

学生和老师在阅历、社会经验、知识、看问题的视角等方面存有差异，加之性格、心态的个性差异，会导致学生和老师在同一情境下形成不同认知，有时甚至是相反的认知。这常常使得学生有可能不理解老师的正确行为，从而引起师生之间的误会甚至关系紧张、对立，最终导致学生出现叛逆——我不学你这门学科了。

还有的学生认为某学科没有用，就不学那门学科，从而导致偏科。

2. 减压自保

有的学生感觉自己的学习很难达到家长或老师的要求，或过低估计自己的学习能力，从而产生学习压力，厌烦学习。在这个压力下，他想放弃学习，但又没有胆量。这时，他会抓住老师的一点儿问题，或自己找茬和老师闹矛盾，借机不学习这一科。当他发现家长、老师拿他没办法时，他感到这招儿很灵，似乎找到了一种解脱的方法。紧接着他可能会如法炮制，波及各科的学习。可以说，这种情况下的偏科，只是表面的、暂时的现象，最后的结果将是厌学、不学。

3. 负面暗示

“我是一个数学差生，老师帮帮我”、“我学习数学很困难……”、“我不是学习数学的料”，这种给自己定性的思维就是负暗示，对学习具有很大的破坏性。

另外，教师或家长总是不分场合数落学生的缺点，指责学生某科成绩差，久而久之它便深入学生的潜意识中，使之向成人唠叨的方向发展。

一名法国药剂师说过：“意志力与想法发生矛盾时，想法永远大获全胜。”学习也是一样，当学生认为自己不是学习数学的料时，他可能会采取的行动就是放弃数学学习。

4. 兴趣丧失

学生偏科有时是由“兴趣差异”造成的。有的学生没有自控能力，办事凭着兴趣来，跟着感觉走，还没深入进去就说自己不喜欢、没兴趣。

偏科也有可能是因为兴趣遭到了破坏。比如，升入初中后，偶尔一次数学考试没考好，结果受到家长或老师的指责，甚至是惩罚。这可能会给他学习数学带来心理上的阴影，从而破坏他对数学学习的兴趣，结果造成他的数学成绩更差。这又会招致家长或老师更严厉的指责……从而形成恶性循环，最后使学生对数学学习的兴趣荡然无存，信心全无。

（三）教师原因

有一些教师以分取人，以貌取人，以家长权势取人，以家庭经济状况取人，对学生不能同等对待，一些被疏远、被打击、被歧视的学生对教师信任度降低，有的甚至与教师产生对立情绪，因而不学这科，从而导致偏科。

当然，如果班风不好，教师的威信不高，那些老师喜欢、关照的学生就会被孤立，成为对教师不满的学生攻击和发泄的对象，这种“不好过”的日子可能会导致一些“受宠”的学生因逃避而选择转学，而那些无法逃避的“宠儿”会选择远离教师，这种远离可能会以放弃这门功课的学习为代价。

（四）家庭原因

家庭的文化氛围，家长的喜好、专业、职业往往会直接影响孩子的学习走向，从而诱发偏科。

学生偏科往往还与家长的观点、意志有关。例如，一对调来北京工作的夫妻，他们上中学的女儿也随同转来北京，但因不适应环境，除英语成绩保持全班第一外，其他学科的成绩逐渐下滑，特别是数学成绩下降得最厉害。这时，夫妻共同做出了一个决定——截长补短，把女儿坚持数年每天学习英语的时间，用来补习数学。结果期末考试时，不但数学成绩没有上来，英语也退到中等。

（河北省保定学院　王柏秋，北京市第一七七中学　彭园静）

四、有关学生偏科的对策与建议

教育是一种创造性的劳动，以下是从认识、观念方面给出的几个建议。

（一）理解学生，宽容等待

班主任、任课教师要宽容等待暂时落后的学生，给他们赶上来的时间。虽然学段考试不等人，但我们还是呼吁班主任、任课教师对他们宽容一些。

当学生付出了最大努力，却没有获得相应的收益，几次考试不理想时，就会处于疲惫状态，从而丧失学习热情。学生往往会从他感到最困难的某科开始表现得消极、麻木，长久下去，必然会导致偏科。

班主任、任课教师以及学校领导应该深刻认识到“磨刀不误砍柴工”、“欲快先慢”的道理，把时间还给学生，让学生的思想纵横驰骋，而不在意他们是快点儿还是慢点儿。给那些偏科的学生以调节的时间，指导他们，等待他们赶上来，是最好的解决方法。

（二）引导学生自主阅读

当前学生学习的时间很多，然而，总体学习效果却每况愈下，偏科的、厌学的随年级升高呈扩大态势。追究原因，主要是学生的生命发展没有掌握在自己手里，这样，他们怎能充分发挥自己的学习本能?

教育家苏霍姆林斯基说过：“阅读是对‘学习困难的’学生进行智育的重要手段。”学生学习越感到困难，他在脑力劳动中遇到的困难越多，他就越需要多阅读。不要靠补课，也不要靠没完没了的“拉一把”，而要靠阅读、阅读、再阅读。

（三）帮助学生补救兴趣

对学科学习提不起兴趣或丧失兴趣的学生，我们建议培养或补救其兴趣。可以尝试以下几种方法。

拓展法。引导学生多读书，随时激发学生的兴趣。他们的生活也要拓展，可以让他们在开阔的实践中，在接触和参与的活动中积极思考、展开联想。有的学生对英语学习无兴趣，但爱好唱歌，那么就让他多唱一些英文歌曲，说不定他就会因此对英语学习产生兴趣。有的学生爱表现，语言表达能力强，那么，不妨从培养其演讲能力入手，提高他对语文学习的兴趣。

成功突破法。集中精力去扭转学生“不感兴趣”的学科。兴趣不是天生就有的，是人在参与活动、付出劳动中形成的一种情感体验。

讨论法。激烈的讨论和争论最能激发学生的学习兴趣。若在校时间不富裕，不妨借助家长的力量，推荐一些书让家长和学生共读。

（四）问题的解决靠师德

为什么要提出师德问题呢？这是因为以上几个建议都需要师德做保障。

第一，由教师原因导致的学生偏科问题，需要教师规范职业道德，改变做法。第二，学生偏科的原因很多，也很复杂，班主任有责任去协调师生、生生、家长与孩子的关系等。

（河北省保定学院　王柏秋，北京市第一七七中学　彭园静）

第二节　那些成绩下滑的学生

成绩短期内大幅下滑的学生，很可能会有“问题”。

一、学生成绩为什么下滑

（一）遭遇家庭变故

父母离世、离异、再婚等突发事件，对学生的负面影响不言而喻，很有可能会导致学生的学习成绩产生较大波动。

【案例】不愿母亲再婚

一向乐观向上、勤奋好学的小星在期中考试时成绩大幅度下滑，高一数次考试总成绩均为第一名的他沦落为“差生”。联想到近段时间来各科教师的投诉——“小星近期上课不认真听讲，下课不认真完成作业”，我不禁头大。这究竟是怎么回事呢？

周记本上这短短几行字，引起了我的高度重视：“老师，我很苦命，很想努力学习，但我恨我的母亲：她为什么要再婚？如果她再婚，我就不认这个妈妈！我就退学！我就去死！”话语中，是浓浓的火药味。在我真诚的劝慰下，他说出了心灵上的“斑斑伤痕”：6 岁时，父亲因车祸永远离开了他们娘儿俩，生活的艰辛、家务的繁重使他母亲萌生了再婚的想法。而今母亲再婚一事提上日程了，他却死活不同意。

我终于知道了他成绩迅速下滑的真正原因。

（天津市蓟县下营中学　张国东）

（二）亲子沟通不畅

和谐的亲子沟通、良好的家庭氛围有助于学生学习。

【案例】苦恼的家长

小力的成绩下滑了20名，让我和家长都感到很意外。

家长十分重视孩子的学习。孩子上高中后，他们放弃了外面的事业回到家乡，决心在这关键的三年时间里好好陪孩子，期望孩子考上一所好大学。可是孩子根本无法体谅父母的良苦用心。“他在家极度反感我们跟他谈成绩，只要一谈成绩就很不耐烦，并多次说：‘你知道我学习多辛苦吗？如果那个分数你不满意，那你自己去考啊！’把人气得半死，现在回想起当时的情景，我们都很伤心，很生气。”妈妈说到激动之处流下了眼泪。孩子多次向父母提出住校的请求，但家长担心孩子一旦住了校，很可能就像脱缰的野马彻底放纵自己，所以没有同意。结果，母子关系更为紧张，孩子成绩急剧下滑。

（重庆市南川中学　周子淇、罗程）

（三）升学阶段不适应

进入新学段，很多孩子会出现适应不良；面对新的学习环境、陌生的老师和同学，有的孩子形单影只，难以融入新环境。学业的适应不良、人际关系的适应不良，往往会造成学生的成绩突然下滑。

【案例】求助信

一上高一，小学、初中时的玩伴分开了，学习更紧张，题也更难了，压力真大。我感到很压抑。我们寝室有四个女生经常玩手机玩到半夜，还谈八卦，谈交男朋友的技巧。

有一个叫洁的女生稍好一些，但是我们走在一起又说不上话。在寝室里，她们五个谈得热火朝天，我偶尔插一句，她们都不大理我。洗澡洗头，她们也常叫我到其他寝室去洗。

我只好跟其他寝室的人一起走，但大家都不熟，还是有些隔膜。学习压力又大，觉得一个人很孤独。可能自己本身太敏感、太在意，觉得这种状态耽误学习了，本来初中成绩中上，现在成绩下滑得很快，我该怎么办？

（四）罹患身心疾病

学生成绩突然下滑，不一定是学习态度、学习能力的问题，罹患身心疾病也是一个不可忽视的因素。

【案例】得了讨厌的牛皮癣

林在初一时成绩在班里名列前茅，是我最放心的学生。但初二一开学，我就发现她变了。上课没以前那么专心了，作业情况也不如从前，考试成绩下滑了很多。

经多方了解，我得知，她在暑假期间不幸患上了牛皮癣，这给她带来了生理和心理上的压力。

皮肤瘙痒，影响到了她平时的学习生活。她上课时不能集中精神听课，时常走神儿。妈妈每个月都陪她到上海就诊，就诊时，她看到过有几十年病史的牛皮癣患者，怕自己也会像那样几十年都治不好。慢慢地，她开始对每天必做的吃药、涂药膏产生了厌烦、抗拒心理。而爸妈为了她的病已经吵过好几次了，她心里也很烦恼。

（江苏省常州市武进区郑陆初级中学　陆群）

（五）教师教育方式不当

所谓师源性心理伤害，就是由教师不当的教育教学行为给学生造成的心理伤害。比如，老师对学生要求过严，误解学生，学生会对老师产生逆反、抵触心理，导致学习成绩下滑；老师不当的表扬和偏爱，也会让学生置身于紧张的人际环境当中而产生心理压力，继而影响学习；有的老师不善于调节自身工作与生活中的压力与负面情绪，把学生当作宣泄不良情绪的对象，这对学生的负面影响更可怕。

【案例】害怕遭到老师的表扬

人人都希望得到表扬，可我经常害怕哪天又不幸遭到老师的表扬。

语文课的提问老师一般都是先从其他学生叫起，答不上来的就站着，最后才会叫到我。他时而语气平淡和蔼，时而大声严厉，轮到我时马上变得笑容可掬。他亲切地轻轻叫着我的小名，让我回答给同学们看。每次我答完了，老师就会训斥同学们一通。说他们虽然个大，但都是大菜瓜。说我虽小，却是小甜瓜。很多次全班只有我一个人坐着。

数学张老师不是经常提问题。当我表现好的时候，她给予的目光是那样的欣赏和怜爱！当其他同学表现不好的时候，她就会皱起眉头。对于某些小心眼儿很多、思想又不是很单纯、经常窃窃私语要小聪明的女生，张老师总会显露出鄙夷、蔑视的微笑。

每当遭到老师表扬的时候，我心里就会很不舒服，因为接下来自尊心受到伤害的同学们会把心里的不快变成对我的孤立。他们，尤其是几个女生，会找茬讽刺我、挖苦我。甚至老师的正常举动在他们看来都是有意识地偏向我。比如有一次，老师分别给每个同学写毛笔字的临摹帖，她们比较了一番，非认定老师给我写的字最好写，笔画少，说老师太偏向我了。

我感觉自己活得很痛苦，一度害怕去学校，成绩下滑得很厉害。后来为了保护自己，即使老师提简单的问题我也说不会，这样会减少同学们对我的孤立行为。我天生是个外向型、爱说话的孩子，但由于老师的宠爱而遭受的痛苦使我变得不爱说话了，把自己包裹得严严的，以防御外界对我的伤害。

（清风竹影）

（六）注意力转移

网络、追星、游戏、小说、早恋……当孩子的视野逐渐打开时，外面的世界难免会牵引他们的学习精力、学习时间，沉溺其中必然会导致学习成绩大幅下滑。

【案例】不愿当班委的学生

他高一入班时成绩很优秀，开学两个月后的期中考试，他的成绩却大幅度滑坡。他主动跟我说希望辞去纪律委员一职，怕耽误学习。

我以为他是没有调适好从初中到高中的转变，短时间内出现成绩下滑，于是劝他先不要辞职，告诉他只要调整方法，改变思路，就能追上来；当班干部也是对自己的一种要求和约束，锻炼能力还在其次，主要是有利于学习。

可他坚决要求辞去职务，两天后他的母亲给我打来电话。于是我应允了。可辞去职务的他，不但学习成绩没有回升，反而接连考了全班倒数第一。

反复沟通后，他才说明真相：他迷上网络游戏了，辞去纪律委员只是借口。“我知道，现在的我颓废到近乎报废了，电脑游戏攻占了我的灵魂。迷恋上游戏，起初只是为了打发放假的寂寞时光。就这样，无聊加上好奇，一接触便着了迷，开始只是偶尔光顾大大小小的网吧，后来，像染上毒品似的，追着电脑不肯放弃。”

他说自己不知发过多少誓要改正，但都无法坚持，很痛苦。

（云南省罗平县第一中学　唐明林）

二、教师应该如何应对

（一）家庭问题，班主任能干预多少

都说“一个问题孩子的背后有一个问题家庭”，由家庭原因导致学生成绩大幅下滑，此时，班主任该怎么做学生家长的工作？家庭问题，班主任能干预多少呢？

【案例】闭门羹

小畅的父母都是公务员，爸爸还是某政府单位的党委副书记，在我们这所农村孩子集中的学校，他算是“高干子弟”。小畅是个很活泼的孩子，学习成绩在全年级名列前茅，其他各方面都比较突出，在班里人缘很好，深得老师、同学喜爱。

下半学期开学一个月左右，我发现小畅上课不再专心听讲，也不举手回答问题，各科作业和成绩均有所下滑。其他老师也反映小畅变了。我找他谈话，他低着头不吭声。观察了几天，我发现，小畅下课时经常独自站在教室窗台下，双手插在裤子口袋里，歪着脑袋，有时呆呆地望着天空；有时低着头，漫无目的地用一只脚踢着地面；有时眼睛红红的，脸上似乎有泪痕。同学找他，他也不搭理。没有人知道是怎么回事，给他爸爸打电话也没人接听。

我决定再找他谈谈，弄清原因。耐心地引导了许久，终于，小畅抽噎着说：“我爸爸妈妈要离婚了。他们打了好几次架了。妈妈趴在地上痛哭流

涕不起来，在床上躺着……呜呜呜……”小畅边说边抹眼泪。我一个毛头小伙儿，才工作两三年，恋爱都没谈过，不由得一阵发慌，这该怎么办？“大人的事大人会想办法。不管怎么说，你都是他们的孩子，他们都是疼爱你的。你先好好学习。说不定哪天他们就和好了。”我只好先安慰他，语无伦次地哄得小畅不哭了，就让他上课去了。老教师说：“这件事你还是别管，难办哪。‘清官难断家务事’，更何况是离婚的大事，别弄得里外不是人。”回家征求爸妈的意见，他们也不赞同我管这件事。

思前想后，为了给小畅一个交代，我只好硬着头皮去家访。傍晚，才走到小畅家门口，“砰，哗啦……”，就听见屋里似有什么东西落在地上摔碎了。“我不活了，不过了。呜呜呜……”紧接着有女人的哭喊声响起来。我站在门口，手抬起好几次也不敢敲门。站了好一会儿，一咬牙，心里说“豁出去了”，便在门上敲了几下。“谁？什么事？”一道冷冰冰的男声传来。“咯吱”一声，门开了，一位怒容满面的中年人堵在门口。我下意识地后退一步，尴尬地挤出笑容：“您好，我是小畅的老师。”“噢。今天我家有事，你以后再来吧。”男人说完，转身“咣当”一声关上大门。我呆立了几分钟，无奈地回家去了。

家访无果，对小畅讲大道理也行不通，我只能多次叮嘱他好好学习，不要管大人的事。小畅的父母闹了大半年，两个人都无心顾及孩子，小畅的学习成绩一落千丈。

回想起吃了闭门羹毫无建树的家访，我自认就是现在，依旧无力解决小畅的难题。

（安徽省亳州市谯城区烈军属子弟小学　许保明）

【支招】分清情况，大有可为

由家庭原因引起的学生成绩突然下滑，班主任可以有所为。

1. 父母离世

聪明过人的小帅在一周前的考试中成绩惨不忍睹。这让大家都感到费解，成绩一直在全年级名列前茅的他，怎么会表现得如此差劲呢？而且，最近一段时间里，他的心情看起来十分沉重。原来，他的父亲在两周前遭遇车祸，不幸去世。

此时，班主任可以这样做。

第一，让学生接受父母离世的事实。虽然父母一方或者双方离世对孩子来说是十分残忍的现实，但是，理智地面对这样的现实非常必要。

第二，让孩子和离世的父母告别。让孩子用自己的方式，向自己已离世的父母做一个告别。可以用空椅子技术（简单地说，就是用一张空的椅子代表离世的亲人，以此为对象进行倾诉），也可以用书信方式来告别亲人。告别后，做回自己，从而收获内心的平静。

第三，力所能及地给予孩子关爱。作为班主任，可以根据孩子的具体情况，用恰当的方式给予孩子关爱。当然，关爱的方式要在学生可以接受的范围之内。

第四，和孩子目前的监护人沟通，让其给孩子营造一个相对完整的爱的环境，以减少孩子的心理阴影。

第五，积极发挥班级学生的作用。班主任可以发动全班同学，给予学生友谊之爱。只是这种关爱也要注意保护学生的自尊心，根据学生的情况，采取最适当的方式，避免起到相反的作用。

2. 父母离异

小西正在上初三，最近她上课老是走神儿，或者看小说，或者睡觉，等等。课后作业也不及时完成，一改以前勤奋学习的状态，感觉就像受了什么刺激一般，在随堂测试中也考得奇差。经过了解后才知道，一周前，她的父母离婚了，因为父亲出轨了。法院判决她跟着母亲一起生活。她不想再认真读书了，算是对父母离婚的一种惩罚和报复吧！

此时，班主任可以这样做。

第一，理解孩子的心情和做法。当父亲出轨导致父母离婚时，孩子心里的愤怒和悲伤之情是巨大的。

第二，引导孩子理性思考和行动。先要告诉孩子，父母离婚是父母的选择，也是父母的权利。作为孩子，无法改变，无力挽回。学习其实是自己的事情，不认真学习，意味着是自己在葬送自己的未来。

第三，主动和孩子的父母进行交流。告诉孩子的父母，虽然离婚了，但是双方都要善待孩子，都要继续爱孩子。尤其是单独见到孩子时，千万不能在孩子面前说另外一方的不是，要努力给孩子一个心理上完整的家，这样就不至于影响孩子的健康成长和学习。

3. 父母再婚

正在念高二的小蓉最近情绪比较低落，隔三差五地请假不来学校。结果，在上次考试中几乎交了白卷，把班主任气得够呛。其实，事出有因。上个月，她的妈妈再婚了。问题是，她一直都不想让妈妈再婚，因为她觉得那是对死去爸爸的背叛。她一脸的不满，以不来上学发泄内心的愤怒。

此时，班主任可以这样做。

第一，让孩子理解母亲的苦衷。要告诉孩子，每个人都有追求幸福的权利。作为孩子，应该尊重母亲的选择。遇到真爱，再进入婚姻的殿堂，是一件值得肯定的事情。要理解母亲的行为，再婚并不是背叛父亲。在人生的漫漫长路上，母亲也需要获得伴侣的支持和帮助。

第二，让孩子慢慢地学会接受继父。可以让孩子多和继父交流，多去看对方的优点，增加对继父的好感，减少对母亲再婚的消极情绪和反感程度。

第三，让孩子改变不合理的行为方式。不上课，不上学，对自己毫无益处，对母亲是一种逼迫和压力。让孩子思考：这样两败俱伤的事情，自己真的愿意做吗？

第四，和孩子的母亲多沟通交流。要告诉孩子的母亲，她应该对女儿多些积极的关注，尤其是要和自己的现任丈夫一道同孩子交流，让孩子理解并接纳自己的再婚行为。

4. 亲子沟通不畅

小程在最近的单元检测考试中，成绩大幅度下滑。原来，他第一次考试失利时，父母就怀疑他没有认真学习，这让他很受伤。虽然他尽力解释，但父母依然不相信。他觉得自己被父母冤枉了，就破罐子破摔，干脆就真的不认真了。

此时，班主任可以这样做。

第一，帮助孩子学会理解父母并控制自己的情绪。和孩子进行真诚的交流，使其能理解父母行为背后的原因，那就是期望他有一个好的学习成绩；同时，要让孩子意识到自己破罐子破摔的处理方式是一种不理性且危险的做法。

第二，开展主题为“如何与父母沟通”的班会活动。在班会课上，全体学生谈自己与父母沟通的烦恼，并一起出谋划策，分享如何顺畅地与父母交流的经验。

第三，告诉家长要学会信任孩子。告诉家长要学会换位思考，多去理解和信任孩子，亲子关系融洽了，自然有助于孩子认真学习。

（重庆市铜梁中学　邓公明）

（二）如何帮助学生适应环境

来到新环境，学生会有诸多不适应，如人际关系不好、老师教学方法不适应等，教师可根据情况进行指导。

1. 开学阶段不适应

新学期开学快一个月了，小雪迟迟没有进入学习状态，还沉浸在寒假的无限快乐中。因为寒假中，她的家人都从外地赶回来，一家人团聚的日子特别美好；而且参加了同学聚会，玩得很高兴。现在来到学校后，压力巨大，作业繁多，考试密集，她根本无法静心学习，结果模拟考试成绩大幅度下滑。

此时，班主任可以这样做。

第一，提醒家长和孩子在开学前做好收心工作。可以在开学前几天，发短信或者打电话给家长，让家长督促孩子做好开学前准备工作。比如，调整作息时间、购买学习用具和书籍、多去书店逛逛、感受学习的氛围等。

第二，积极引导孩子开学后收心。仅告诉学生把注意力转移到学习上来是不够的，还要帮助学生制订好合理的学习计划，提醒学生注意时间分配；建立学习小组，让学生们互相督促，互相鼓励，从而走出开学后对假期的留恋，尽早进入学习状态。

2. 新学校不适应

升入高中后第一次考试，小宇的成绩相比初中时下滑了一大截。高中的学习节奏快，内容多，他很不适应。他觉得很痛苦，不知道为何会下滑这么多，自己还是像初中一样很努力啊。人际关系也困扰着他，让他变得有些孤独和无助。

此时，班主任可以这样做。

第一，引导学生建立良好的人际关系。可以通过自我介绍，让学生互相熟悉；同时，教给学生一些人际交往的方法。

第二，告诉学生学习方法。引导学生掌握各个学科常见的学习方法，同时给予学生鼓励和支持。

第三，在生活上多关心学生。要多去和学生聊天儿，了解学生的情况，对个别学生进行单独辅导，让其尽快适应高中的学习和生活。

（重庆市铜梁中学　邓公明）

三、如何把握关注度

家长、老师的高期望，本意是想给学生加油、鼓劲，增添学生的学习动力。激将法也成功扭转了不少学困生。然而，较少经受挫折体验的学优生，面对老师的“激将”，反而可能成为霜打的茄子，一蹶不振。

【案例】轻装上阵

班里有个女生，语文素养不错，她的理解、体悟能力远远超出其他同学，往往别的同学还是眉头紧蹙或者一脸茫然时，她就能一语中的。高一升高二时，她是班级第一名。因此，我对她格外注意，好苗子应该好好培养。

每个星期五下午的培优课上，我都会给几个成绩较好的学生布置一些额外的任务。对她，我更是寄予厚望。我告诉她，她很优秀，语文天赋很高，按照她的基础，语文考试每次都应该保持在135分以上。

期中考试时，她果然考了班级第一名，121分。但离我的标准——135分，相差甚远。我把她叫到办公室，一题一题分析，一一给她纠正，告诉她一些做题技巧。她听得很认真，不住地点头，看似收获颇多。“下次能实现目标吗？”我笑着问她。“嗯。”她踌躇满志。

然而，紧接着的月考中，她的成绩出人意料地下降了很多，语文成绩连前10名都没进。看得出，她很沮丧。我安慰她，偶尔一次失误没什么。然而，期末考试，她又一次发挥失常。春季开学时，我找她聊了聊，她似乎有些躲闪。接下来的月考和期中考试，她的成绩每次都不尽如人意。我有点儿怀疑自己，这还是那个思维敏捷、见解独到的她吗？难道我当初的判断是错误的？

有一天，我讲完课准备去办公室，她匆匆跑过来，递给我一张小纸条。“吴老师，谢谢你这学期以来对我的辛勤培育，从您那里，我收获了很多。您是一个尽职的老师。可是我越想考好，越考不好。每次考试答题时，我告诉自己一定不要低于135分，一定不要，可是事与愿违，我感觉自己就像一张弓，绷得太紧了，结果却断了。也许轻装上阵，会好些。所以，我想让135分这个目标先放一放，好吗？”

是啊，这么简单的道理我怎么不明白？第二天，我悄悄走到她身边，在她的本子上写了一个大大的“好”字，她抬起头，我们相视一笑。后来，高二的最后一次考试，她考了137分。

（河南省唐河县友兰高级中学　吴欣圆）

【评析】

当老师对学生过度关注的时候，就阻碍了其成长。

庆幸的是，案例中的女生向吴老师表达了自己内心的重压，而老师也及时反省了自己，调整了教育策略，使得学生的学习恢复到最佳状态。这也告诉我们，对学生过度的关注无异于捧杀。

（湖景）

对于优秀学生，老师不要过于打扰。我以前遇到过一个学生，在班上成绩拔尖。家长私下里常希望我能在学业上给予孩子更多帮助，我说我不找她就是关心她。家长听了有些不高兴，我解释说："你的孩子在各方面都很不错，如果我多找她，就会让她觉得自己是不是哪些地方做得不好，从而动摇对自己的信心。"家长听了我的解释后明白了。这个学生后来考上了本地最好的学校，毕业后和我关系也不错。

（海蓝蓝 2400）

四、怎样拉回学生的注意力

学生被学习外的事物所吸引，心不在焉，自然会导致成绩下滑。老师们需不断摸索，创造条件让学生展示才能，将注意力和兴趣逐渐转移到学习上来。

【案例】"天才计划"

1. 故事

小原成绩突然下滑，欠交作业、迟到、早退，对他来说，变成了一件稀松平常的事情。更要命的是，他不断叫板老师和家长，一旦家长、老师和他意见不一致，他就旷课。原来成绩优秀的小原成了我们的心头之痛。

原来，初一放暑假时，家长表扬他考试成绩优异，为他买了电脑，结果整个暑假小原不分白天黑夜地玩。初二开学后他依然沉迷其中，上课心不在焉，作业能不交就不交。父母看着不对劲，要没收电脑，他就以死相威胁，父母不敢轻举妄动。有时他居然关起门来尽情打游戏，到点了让家长送饭进去，吃完饭再把碗筷收拾好送出来。有时，他的父母实在忍受不了这口窝囊气，就揍他一顿，他就赌气不上学，变本加厉地玩游戏，父母又只能缴械投降。

曾自学高等数学的他，现在数学考试居然不及格。我们几个科任老师，为了他没少聚头开会。考虑到他爱炫聪明的特点，我们达成一致意见：测验时压低他的分数，让他受挫，然后再帮他分析，引导他脚踏实地，打好基础，最后再伺机让他体验成功的感受，树立信心。可拿到低分后，小原不但没受到触动，反倒说我们考得那么小儿科，根本无法测出他的真实水平。之后，我们又分头找他谈话，跟他讲基础教育的作用和意义，跟他父母建议采用合理的教育方式等。我们甚至找到一位正在休暑假的剑桥大学的学生跟他聊天儿，给他灌输基础教育的重要性。可令我们意外的是，他居然说像这样的人也可以考上剑桥，那他更不用担心了。可以说，我们的每一项努力都没有收到效果。

我们再次反思，再次分析，制订了“天才计划”：我们想从现在他正感兴趣的数学入手，请他为我们年级的后进生补习数学，从而转移他对网络游戏的兴趣，并以数学为起点科目，全线开花。

2. 教育策略

初三数学备课组组长十分支持我们的工作，她找到小原，和他进行了非常正式的谈话。谈话内容如下：“小原，听说你在自学高等数学（满足小原渴望得到认可的内心需要）。我们数学学科现在想找一个学生为我们的后进生提供帮助（科组命令十分正式，使小原感受到尊重）。这个计划原来想在老师之中开展，但一来暂时安排不过来，二来学生互助是一种更好的学习方式（事出有因，不显得突兀）。我们找来找去，发现你对数学很喜欢，会自己钻研，也很聪明，同时你善于组织大型活动，有很强的组织能力，而且愿意奉献，所以我们考虑了很久，定了你（过程慎重，并充分发掘了小原的优点）。”

小原听后很激动，他说：“学了那么多年的数学，终于有了用武之地了，你们那儿有多少学生，我包下了。”

听着组长的转述，我们太高兴了，小原“中计”了。我们又商量下一步的具体操作办法，最后商定了以下几条。

①请小原翻阅初三上册整本数学书，找出知识点，制订授课内容计划和课时安排计划，要求突出重点、难点。计划完成后，和任教的数学老师集体备课，进一步完善。

目的：小原的基础太弱了，我们估计课本在教些什么内容，他都不知道。一定要让他对课本有一个初步的整体认识。同时，制订授课计划，也是锻炼他的责任感和自觉性，我们真的不希望他再旷课了。

②年级各个班列出后进生名单给小原，大家共同开个见面会，一来相互认识，二来让小原了解他们的知识弱点在哪儿、怎样才能对症下药。

目的：这些后进生千差万别，他们要么是心态无法调整，面对即将到来的中考相当紧张；要么是学习方法不对劲，学起来很辛苦。不同于小原的是，他们都非常想弥补自身的缺漏。我们想让小原见见不一样的孩子，让他感受一下他人进取而痛苦的心，学会反思自己，学会珍惜现在。同时，凭小原的能力，他会的内容一定能教会这些同学，同时他们可以互补。

③请小原在每次授课前和任课老师商议，找出所授知识板块最典型的题，并尝试设计变式题目。

目的：找典型题能快速巩固知识点，可以提高学习效率。以小原目前的情况来看，如果我们要求他面面俱到，拿个满分，很可能会让他受挫。不如从最典型的题目开始，让他和后进生们都享受到少而精的知识带来的快乐和充实。让他尝试设计变式题目，是给他提出进一步的目标，让他能够运用知识，锻炼发散思维。

④请小原列一个课堂反馈表，让后进生们重温本堂课的内容，登记还存在的疑问，以及对教学方式的建议。

目的：起初我们还怕这一点会伤害小原的自尊心，没想到，他说这样他能更好地看到他的教学效果和要改善的地方（他真的想认真做好这件事情）。其实，我们更希望这成为我们了解他的状况的途径，而且这可以防止他旷课，同时我们也可以通过这一举措了解后进生们的知识掌握情况。

⑤请小原做好接受采访的准备。

目的：我联系了校园网，说这是数学课非常重要的一次尝试，请他们深入采访和跟进，同时将新闻发到校园网上，以便大家关注最后的效果。目的很简单，让更多的人知道，使舆论监督更有效力。学校也很支持我们的做法，对外宣传我们学生互助学习的活动，这可以让更多的人了解我们学校。

⑥请小原准备补习班期中和期末两次考试的复习。考试由教师命题，题目全部为小原教过的内容。

目的：让小原学会做知识的梳理，由典型题拓展开去，再次整体把握整本书的内容，同时让他收获成果，体验到成功的快乐，树立信心。

小原十分乐意地全盘接受了，没到两天，该出来的计划都出来了。太夸张了，他把能够表现自己水平的所有原理和公式统统纳入了计划，很多东西只出现在大学高等数学里，整个初中阶段根本用不到。一句话，他根本就没有考虑那些后进生的能力水平，而是把这份计划当成自我表现的工具了。科任老师让他尝试说一两个题目，其实两句话就能搞定，他却要说二十句话，原因很简单，他想要凸显自己在数学上的优势——他知道很多别人不知道的东西。天哪，要是这样上课，那些后进生听他的课岂不是要抓瞎？

这个时候，他的家长更不让人省心，他家里几乎每天冲突不断，小原动不动就发牢骚，威胁说不来上学了。

怎么办？我们都着急了，几位老师又急忙召开紧急会议。"为什么不让后进生提出问题，然后由他来解答呢？"我们开会讨论时，一位老师说，"请后进生把作业、考试中的难题找出来给他，具体告诉他哪一步存在问题，请他提前做好准备，在课堂上讲解。一方面，后进生能提出问题本身就是一个进步，带着问题学，能增加学习的主动性。同时，小原轻视基础，不做作业，如果他能解答出这些同学的难题，他就是在做作业，在弥补基础知识。而且，后进生告诉他哪部分具体知识在掌握时存在问题，小原在讲解时就可以重点突出这个部分，在细节上多下功夫，教学时就能凸显重点、难点。最后，在准备授课内容时，我们请他不光解答这个题，还要设计好变式题，这是进一步的知识拓展。”几句话，令我们几个老师茅塞顿开。确实，与其去模糊估量这几个后进生现有的水平，不如请后进生们直接提出问题。这样既清晰又便捷，还能实现小原和后进生在数学学习上的双赢，何乐而不为？

计划调整后，后进生在上课时就围坐成圆形，小原就他们事先提出的疑难进行解答，重点突破他们共同存在的难点，并提出变式题，引导他们举一反三。同学的评价极好：这种方式及时解决了作业和测验中的难题，快速而有效地提升了他们的数学思维和解题能力，提高了他们的学习效率和兴趣。几次课下来，这些后进生回到班里都忍不住和其他学生交流学习心得。这一下可要忙坏小原了，因为不断有同学想来报名参加他的数学班了。

参与人数越来越多，小原力不能支，会影响教学效果。可能我们要开始考虑招募新的“教师”了。要直接指定学生来担任吗？我们不打算这样做。该如何去教、用什么方式去教，才最贴合这些学生，讲到什么程度才刚刚好，这些怕是只有小原才最清楚。那就由小原来招募吧。我们限制名额，采用学生自由应聘的方式。小原在应聘会上出几个后进生们最常见的难题，应聘者抽签后讲解某一个难题两种以上的解题方法，并出一个变式题和小原共同探讨。最后，由小原和老师共同决定受聘者。这种方式让小原思考了更多难题，提升了水平，同时，与素质较高的应聘者切磋的时候，他人从容谦逊的仪态、严谨的解题思路等都给了小原不小的影响。应聘者也反映这是难得的锻炼自己的机会。

新聘入的“教师”，有的水平很高。他们和小原共同备课，常常引发热烈的讨论。课堂上，他们将学生分为四组，各自负责，下课后汇总共同出现的问题，再进行交流。

期末考试快到了，这些后进生提前一周做了小原他们共同出的一份试卷，题目为本学期所讲典型试题的合集。因为几乎每道题小原他们都亲授过，所以每个后进生都有不同程度的提升。后进生们很高兴，小原他们也很欣慰，小原说这些后进生其实是很勤奋的学生，自己也从他们身上学到了很多东西。更让小原感到高兴的是，他的天资再加上他这学期的付出，让他的数学期末考试成绩在年级名列前茅。他信心大增。

之前因为打游戏，对各科都不在乎，所以，小原很多科都亮了红灯。现在数学进步那么大，他慢慢看到了自己的潜力。之前小原的成绩是他家家庭矛盾的引发点，现在数学成绩的好转也慢慢缓解了他家紧张的气氛。

通过抓住小原的特点、巧妙地改变他的自负、给他提供自我展示和进步的平台等方法，我们顺利完成了这份“天才计划”。我们还听说，最近语文老师、英语老师也开始请求小原帮助他们抓后进生呢，希望他们也能顺利完成他们的“天才计划”。

（广东省广州市广雅实验学校　向连）

五、如何关注成绩下滑学生的身心健康

学生如果不能有效缓解学习或生活中的压力，就容易产生心理问题。此时若没有外界的帮助和支持，问题有可能会进一步发展，甚至导致心理疾病，进而影响学习。

【案例】带孩子走出强迫倾向的泥潭

期中考试结束后，班上的尖子生莉娟成绩大幅滑落，让我有点儿吃惊。原因有二：一是她中考入学成绩非常优秀，全年级两千多名学生，她排在前一百名内；二是她学习一直都很勤奋，虽然是走读生，但是完全按照住校生的作息时间来要求自己，经常向科任老师请教问题。开学不足两周，老师们都向我夸奖她勤学好问，是块学习的好材料。而她总是不负众望，

考试成绩一直都是班上第一名。可这次期中考试她的名次居然下滑了二十多位。数学、物理和化学三科的老师都找到我，说她居然连班级平均分都没有达到呢。

听学习委员小姣同学说，莉娟知道自己成绩后的当天晚上，居然一个人偷偷地哭了半节课。

利用一个晚自习的间隙，我把她请到了办公室。她低着头，满脸的恐惧和不安。我用拉家常式的语气问道："最近学习状态怎么样呢？"我觉得没有必要直奔考试成绩，以免让她过于紧张。

莉娟小声小气地回答道："不太好。"

我继续关心地问道："能不能告诉我，是咋回事呢？"

莉娟皱了皱眉，慢吞吞地说："总觉得知识记不住，做题的效率很低。"

我继续追问道："你出现这样的情况多久了呢？"

莉娟想了想，然后说道："半个多月了吧。"

半个多月，恰好是期中考试前一周。究竟发生了什么事情，让她忽然有这样的变化呢？"这种不良的状态，持续了一段时间了哈。那么，为什么有这样的变化呢？你自己分析过吗？这次期中考试成绩不理想是不是也和这种不良的状态有关呢？"我连续发问。

莉娟脸上露出了痛苦的表情，点点头之后，就不愿意再说话了。

从她痛苦的表情可以推测出，肯定发生了什么事，或许她还没有勇气说出来。

于是，我真诚地鼓励她："其实，我今天叫你来聊聊，主要是想了解一下你的学习状态；同时，也顺便分析一下你这次期中考试的情况。所以，你不要有什么压力和顾忌，我希望你能敞开心扉，说出你的烦恼和困扰，或许我可以帮到你。"

莉娟听我这么说之后，沉默了半晌，然后小心翼翼地打开了话匣子："老师，我得了强迫症。你相信吗？"

我真诚地点点头并追问道："你能不能详细说来听听？"

莉娟继续说道："就是半个月前的周末，我们一家外出玩。父母都没带钥匙，因为我说我带了钥匙。结果，没想到回家的时候，没有钥匙开门。原来，我把钥匙忘在了家里。爸妈只好打电话找开锁匠把防盗门打开，花了100块钱，结果我被爸妈臭骂了一顿，说我做事不细心。我很委屈，我又不是故意的，但是也没敢争辩。后来，我每次出门时，都会反复检查钥匙带了没有，房门锁好没有，有时候甚至下楼了，我还会折回六楼去看房门锁好没有。我很担心，万一没锁好门或者忘了带钥匙，估计又要被爸妈臭骂了吧。而且，那件事后没几天，我发现自己在学校洗手也要洗好几遍，做题后也要反复检查。上次期中考试，每做完一道题后我都要反复检查三遍，生怕哪道题做错了。可是，这样一来，考试时间就不够用了，结果就考得一塌糊涂。我现在很烦，不敢告诉父母期中考试成绩，怕他们知道了会臭骂我一顿。他们一直都对我的成绩要求很高，也一直因我的好成绩感到骄傲。老师，你说我该怎么办呢？我患上了强迫症，是不是无药可救了呢？”莉娟说完这些话，满脸的着急和无助。

听完莉娟的叙述，我一下子明白了她期中考试成绩下滑的真正原因了。

从莉娟的叙述中我知道，她有反复检查门是否锁好、钥匙是否带好的行为，有反复洗手的行为和反复检查做题是否正确的行为，显然，这三种行为都属于强迫行为的范畴，但还没达到严重的程度，可是如果不及时调整，就可能会发展成为严重影响正常学习和生活的强迫症。而导致她这一行为的原因，就是她的创伤性体验或者叫挫败感经历：一次忘了带钥匙被父母责骂，结果就对锁门带钥匙问题有了强迫性行为，父母对她的严格要求也增加了她的心理压力。对于她的困扰，我反复思考，并在网上和一些心理教师以及专业心理咨询师做了沟通、交流，最终给出了以下几个帮她走出烦恼的建议。

1. 帮助她认识并接纳自己的问题

首先我告诉她，这并不属于强迫症，并分析了造成她这种行为的主要原因，那就是父母的严格要求、一次创伤性的体验和追求完美的性格等。很多人都有过这样的经历，很正常。通过交流，莉娟的焦虑情绪得到一定程度的缓解。而且，她也接纳了自己的问题，也很想努力赶走自己现在的烦恼。

2. 努力改变她的不合理认知

不合理的认知往往是导致一个人行为偏差的重要原因。于是，我分析了莉娟的不合理认知——追求完美的倾向。其实，一个人犯点儿错误，比如忘了带钥匙，这是很正常的事情，不用在乎。谁都可能会犯点儿小错误，只是她的父母反应过度了。再比如说，做题后检查，其实不管怎样检查，都会有题做错，哪可能轻易地做到全部都正确无误呢？其实，正常人都是不完美的。

3. 运用矫正策略缓解她的强迫倾向

在莉娟明白了自己所谓强迫症的病因后，就可以采取过度矫正法来帮助其克服现在的烦恼。所谓过度矫正法，是厌恶疗法中的一种，其原理是任何事情都会“物极必反”。就洗手来说，让莉娟一直洗手，不准停止，从而引起她的生理疲劳、心理厌恶，多次以后她就会对反复洗手产生恐惧反应。这是一种消极强化，通过反复洗手，她收获的是痛苦，而不是快乐，从而最终缓解她反复洗手的症状。

4. 鼓励她对自己进行积极的自我暗示

自我暗示的力量是强大的。我告诉莉娟，当她要做出强迫行为时，就暗示自己：“这些都是不必要的，我已经做好了该做的工作。”比如，关门后准备再回头检查时，就可以暗示自己：“我已经关好门了。”检查题目只检查一遍，告诉自己：“已经检查好了。”总之，只做一次，看看会发生什么，相信结果不会糟到哪里去。通过积极的自我暗示，让自己保持积极的状态，增加自信心，从而缓解症状。

5. 充分利用同学和家长的力量

一方面，我有意识地让同学主动和她接近，和她多交流，一起玩耍，缓解她的压力，并帮助她转移注意力，让她有可以倾诉烦恼的对象。另一方面，我和她的家长进行了沟通，告诉他们不要太苛求孩子，要放低对孩子的要求，让孩子的情绪不再那么紧张。对孩子忘了带钥匙被批评那件事，我也让他们找孩子说清楚情况，表达自己的歉意，说明不应该反应如此激烈。

经过一个月的调适后，莉娟逐渐重拾自信，走出了低潮。

（重庆市铜梁中学　邓公明）

第三节 转化厌学生

与一般厌学情绪不同，“罹患”厌学症的学生往往学习目的不明确，学习兴趣和学习动机低下。其主要特征为：在情感上厌恶学习，对教师和家长的教育持逃避和抗拒态度；在行动上，长期不认真听课，不完成作业，经常旷课逃学，严重的还会从厌学发展到厌校，主动要求辍学。这类学生，我们称为“厌学生”。

一、营造学习环境

苏霍姆林斯基说：“学习——这首先是人与人之间的关系，是精神财富的交流，是发自内心的善意和相互体贴的赠与。”

【案例】退学“礼物”

2006 年寒假前夕，发生了一件让我特别震撼的事情——我班学生小伟手持一根木棍，打碎了教室的数十块玻璃，并扬言这是他退学时送给学校的最后“礼物”。

保卫科人员很快制服了小伟，质问他为什么要损害学校公物，小伟说：“我厌恶这所学校！”

小伟的“疯狂”，让我有一种深深的自责。

小伟刚转到我班的时候，我就发现他表现异样：上课的时候从来不翻课本，作业也不写，考试得零分——他厌学。

我找小伟谈话：“为什么不认真学习？”

小伟说：“什么也学不会，我讨厌学习。”

“讨厌学习？除了讨厌学习，你还讨厌什么？”小伟的“直言不讳”让我心生不爽。

“我只讨厌学习，其他什么也不讨厌，比如参加运动会了，打扫卫生了，我都愿意做。还有，我是个热心肠的人，最愿意帮助同学了。”小伟兴高采烈地说。

其实，除了学习不好以外，小伟算是个活泼、阳光的男孩子。但是那时的我坚持认为一个学生身上最夺目的“阳光”应该是“学习成绩”。于是，我对“嬉皮笑脸”的小伟说：“你是一个学生，在班里如果不认真学习，不把学习成绩搞上去，你就得不到老师和其他同学的承认和尊重。”

我的言语很是冷峻，小伟显然受了打击，脸上多了许多尴尬。但我从来不给学习成绩不好还不知“羞”的学生留面子。

因为学习成绩不好，所以小伟的座位总在最差的“角落”。小伟曾经找到我商量：“老师，我可以坐在角落里，但我不愿意长期坐在那儿，班里调座位的时候，你能不能给我也调调座位？”我冷冷地说：“要想调座位，那是很简单的事，只要学习成绩提高一个名次，这要求马上就能满足。”小伟立即又没了气力。

总务处发新书，要班主任带几个学生去抱新书。我站在讲台上问：“谁的作业写完了？现在跟老师去总务处领新书。”

举手的同学有一大片，其中就包括小伟。小伟不但高举了手，还嚷嚷道：“老师，我去，我去，我力气大，一个顶俩。”我冲小伟喊道：“把手放下！我是问谁写完了作业谁跟我去抱新书。你写完作业了吗？你能写完吗？”被我一通打击，小伟又没有气力了。我带着其他学生去抱新书，小伟则满腹怨气地垂头而立。

小伟“绝望”了，他三番五次地想“融入集体生活”，我却因为他的“厌学”行为三番五次地阻止他成为“正面人物”，把他视为“讨厌”的人，把他当成全班的“反面教材”……

我一直在用牺牲小伟尊严的做法来警告其他人：厌学，不在学习成绩上求进步，最终就是这种境遇。可怕的是，老师的“慢待”是一种“病毒”——其他同学也渐渐被这种情绪病毒“感染”。冷漠是一种压力，在这种压力下，原来有着“阳光性格”的小伟性情有了变化，他开始变得敏感、不安起来……

临近放寒假的时候，小伟前排的一位同学丢了一份学习资料，他怀疑是小伟给“偷”走了，向小伟讨要的理由是：小伟自己不学习，还想通过“藏匿”别人学习资料的方法让别人也学习不成。小伟反驳自己根本没有拿，并且强调自己根本不存在“阻止别人学习”的阴暗想法。

我从中“调解”，对小伟说：“人家怀疑你拿了，可能就是你拿了，咋不怀疑别人？退一步说，就算你没拿，你也可以把自己的学习资料送给人家用一用嘛。”

听了我的话，小伟无话可说，甩手就把自己的学习资料扔给了前排同学。我当时还认为自己处置此事很“圆满”，没想到这次“怀疑”成为压垮小伟心理的最后一根稻草——下午，他就持一根木棍打碎了一整排教室的玻璃……

（山东省莒南县第八中学　史峰）

【评析】接纳，转变厌学生的第一步

《退学“礼物”》用一种纪录片的真实，向我们所有人展示了一个厌学生向下沉沦，从阳光、活泼到愤世、偏激的全过程。我们忍不住设想：如果在小伟最初显露出厌学情绪时，教师多一些理解和引导；如果在小伟一次次做出融入集体的努力时，教师多一点儿欣赏和悦纳，结局也许会完全不同。

男孩儿用木棍打碎学校玻璃的刺耳声音还在脑际回响，它用“震撼”的方式提醒我们，为厌学生提供一个自尊、自信的学习环境有多重要。

学困生的生存环境十分恶劣。在应试教育下，学业成为压倒一切的评价标准。于是，他们或被教师树立为“反面典型”，与班级生活渐行渐远；或被当作重点“管制对象”，在教师“犀利的目光”和“严肃的神情”中，终日惶惶不安，进而自卑、失落、麻木，罹患“厌学症”。

因此，在探讨转化厌学生的问题，试图为班主任提出建议时，我们首先想到的是转变对厌学生的态度。

要以积极、完整的眼光看待厌学生。每个老师都会说：“不看学习成绩，每一个学生都是可爱的。”如果不是因为厌学，在班主任眼里，小伟其实也是一个“活泼、阳光”的男孩儿。教育心理学研究者发现，教师很难对不喜欢的学生开展工作。转换看待学生的视角，把对学生的评价从单一的学业评价中解放出来，热情地去发现、欣赏、表彰他们身上蕴藏的可贵的闪光点，有助于班主任对厌学生及其转化工作持积极乐观的看法，使师生双方都能从疲惫的“学业对抗”中解脱出来。

要用善解人意的方式保护厌学生的自尊心，培养他们的自信心。由于长期学业落后和受到低评价，厌学生往往自卑而敏感。聪明的教师善于采用善解人意的方式，既提示学生问题所在，又保住他们的体面，从而消解厌学生对教师的防备和对抗态度。教师课堂上一个善意的提醒眼神，公开场合一次刻意创造的让厌学生表现的机会，都能起到很好的教育效果。

其次，以班主任为桥梁，为厌学生建立一个包括同学、班级、科任老师和家庭在内的支持系统。

①同伴和班级的肯定。厌学生因学业长期落后和相应的行为问题容易被同学排斥，而自卑心理又使其对集体采取有意无意的退避态度。比起学业上的帮扶，真诚的接纳和友情对于长期“隔绝”于集体生活之外的厌学生来说，才是最重要的。老师应有意识地加以引导，让接纳、帮助厌学同学成为一件值得鼓励的事情。

②科任老师的支持。很少有全科性厌学的孩子，因此，对于数学比较差的厌学生，如果班主任能告诉他的数学老师，孩子的语文不错或者有其他优良表现，比如爱劳动、有特长等，那么数学老师看这个学生的眼光就自然会发生一些积极的改变。相反，如果一群老师在一起议论某个学生的不是，把一些很负面的情绪强化成结论，当老师回到课堂中时，就会因为这样的负面印象而恶化这个学生的学习环境。

③家庭的配合。对厌学生的研究表明，厌学倾向的形成在很大程度上源自家庭教育方式的不当。在厌学生转化上，班主任应与家长保持密切配合，用建议而非指责的方式引导家庭教育，在教育方式（比如学法引导和评价方式）上保持家校一致，并引导家长营造和谐、关怀、温馨的家庭环境。其具体做法如下。

理解。告知家长应正确认识并承认孩子在心理或学习能力上存在的障碍和缺陷，不要总是用“成龙”的高度来“望子”，以免让孩子感到自卑，不要以“过来人”或长辈的身份对儿童横加指责。

保障。要求家长努力给孩子提供一个良好的学习环境。从学习用品的添置到书房的布置，尽量以简朴、实用为宜，不要在孩子的卧房内放置电脑。在作息制度上，应多从孩子身体健康出发，既要严格要求，更应以身作则。

鼓励。家长应多花时间陪孩子进行各种户外运动，如登山、打球、游泳、出游等，培养他们手眼以及身体各部位的协调能力，以此打开听知觉、视知觉的闸门，培养他们对美好事物的感知能力。

（班主任之友杂志社　蔡涛）

二、提升学习动机

学习动机作为影响学习行为的支配性因素，在学习过程中起着非常重要的作用。而没有动机或动机不足，常常使学生对学习没有兴趣，学习活动不能持久进行下去。学生没有学习动机，就如同汽车没有加油，在学习的旅途上是跑不远的。正因如此，提升学生的学习动机也就成为教师转化厌学生的一个重要切入点。

【案例】漫战“努力无用论”

14 岁的阿海高大帅气，还有一个绰号叫作“忧郁王子”。篮球场上，他是充满活力的阳光男孩儿；班级里面，他是随和可亲的人气王。就是这样一个父母疼爱、同学喜欢的男生，却总沉浸在自己的世界里发呆。阿海对死党说了句谁也想不到的话："我很自卑。"

自卑感，常常来自多次失败的经历。事实证明，阿海的确有可能对自己的学习状况感到烦闷，他自有一套"努力无用论"：努力再多还是会考超纲题，努力无用；物理再努力，老师还是按数学成绩评价我，努力无用；如果和好朋友继续待在一起的代价是努力取得进步，那就放弃朋友好了……阿海的母亲十分着急，眼看着儿子在学校没人治得了，打算转学换个环境。

了解背景，初步诊断

在咨询室里见到的阿海，乍一看的确是人们所说的"阳光男孩儿"。但他彬彬有礼的言行举止，无法掩盖他眼神中流露出的对学习生活的厌倦。我隐隐感到，阿海对"学习"二字误会已久，要消除这种误会，需要找到根源。

母亲对于阿海的学习，从小就有严格的要求，而阿海在小学也能保持班级中上等的水平。没想到中学的第一次期中考试，阿海在英语上栽了个大跟头。分数不理想已经让他很失落，而在试卷讲评时，阿海发现了许多超纲词汇，这让他愤愤不平。听着他的辩解，母亲一气之下破口而出："你根本就不是读书的料！"自此之后，阿海对学习似乎失去了兴趣，他更愿意跟同学聊天儿，到操场上打篮球。

刚上八年级时，阿海遇到了一个重要转机——物理课。阿海认为学物理大家在同一起跑线上，自己要争取从一开始就不掉队。日子一天天过去了，阿海的物理保持得不错，他又有了学习的动力。然而，好景不长。某天早晨，物理老师叫几个学生去办公室订正作业，其中就有阿海。阿海很快发现，其他几个同学都是考试没有及格的，而老师又无意中谈到阿海数学底子薄，需要加强补差。这无心的话让阿海心如刀剜："原来老师一直把我当差生啊。"从此，阿海也放弃了学物理。

就这样，阿海对学习更没信心了。上课时不是睡觉、发呆，就是和同学讲话扰乱课堂纪律，或者在与老师沟通时顶撞老师。每天放学前，其他同学都在认真地确认家庭作业，阿海总是头也不回地第一个拿起书包走出教室，也不记家庭作业。

在咨询室里，我询问他同意前来咨询的原因。他说："我就是厌学，在学校可以和同学聊天儿、打篮球，就是不喜欢上课，作业也不会完成。平时挺郁闷的，还有些自卑，整天没劲，高兴不起来，觉得学习压力太大了。"

于是，我尝试让阿海学习一些放松的技巧，这有助于缓解压力。阿海开始饶有兴趣地学习这些技巧，坐在座位上进入了放松状态。

我趁机问他："感觉怎么样？"他坦言："我喜欢这种舒适的感觉。"我继续问他："如果现在是最舒适的阿海，他的身上发生了哪些改变呢？"

阿海想了想，在纸上写下三行字："1. 有一份工作，有钱，过快乐的生活；2. 希望受万人瞩目，或者令别人羡慕；3. 希望永远成功，不经历失败，就可以得到很多。"

总之一句话，不想付出，不想失败，但还是希望收获越多越好。不努力就想取得成绩，这和他的"努力无用论"一样，是需要调整的不良认知。他比同样成绩的其他同学更不开心，因为他还在梦想着忽然取得好成绩。他分析自己成绩下降的过程时，认为初中不同于小学，知识不努力就学不到，同时处在青春期的他又很容易上课分心。

形成"母子同盟"

为了帮助阿海重新认识母亲对自己的评价，我们通过角色扮演，再现了一次阿海印象中的母子对话：

母亲：你没事要多看看书！

阿海：知道了。

母亲：那你还盯着电视看！

阿海：让我看一会儿。

母亲：你不要老是看电视、跑出去玩，最起码你也要考个普通高中吧！没有学历，你到哪里去找一份工作！

阿海：知道了。（继续看着电视，而母亲坐在近旁不再说话）

阿海认为，母亲的话表达了她这样的想法：“儿子太不争气，也许根本不是学习的料。”母亲最后不再说话，阿海认为是母亲对儿子的冷淡感到失望。我问阿海：“妈妈是那样想的吗？”他说：“也许是的。”说着说着，眼圈就红了。

要打消这个疑虑，将母亲争取到与儿子共同克服困难的同一阵营里，是非常必要的。我知道这对阿海来说有些难以开口，但还是建议他亲口将自己的疑虑表述给母亲。

一周后，阿海得到了一个满意的答案。

他在一个恰当的时候鼓足勇气问母亲：“您觉得我不是学习的料吗？”母亲认真地回答：“你其实就是不努力，要是好好学，也可以像别人一样好。”不久后我得知，阿海的家人不再要求他转学了。

努力会有用的

为了帮助阿海形成“成功需要努力，努力有用”的认知，培养其成就动机，我提供了针对自我意识的辅导策略。针对“不付出就能成功”、“努力无用论”等不良认知进行认知调适；针对动力障碍，帮助阿海回忆过去的成功事件和努力的关系，以及当时的情绪体验。

在探讨的过程中，阿海认识到，其家庭生活条件优越，实际上与其父母的努力分不开。阿海有很多“努力无用”的经历，不过，我还是请他回忆一些努力成功的事件，比如多次练习后投球命中率提高，五年级时花了一个月攒钱买了一辆赛车等。在回忆中，阿海明确了美梦是不切实际的，努力是有用的，而且努力得来的收获比不努力就拥有的事物能带来更大的欣喜与满足。

随后，与同学讨论、向老师讨教、向父母求助、描述心中的不安，都成为促使他积极行动的力量。

我们商定从取得最小的进步开始——梳理过去的试卷中因为马虎而出错的题目，尽可能收复失地。我劝慰他说："反正不会比现在更糟了，不如尝试改变一下生活，说不定能够成功呢。""如果我真的尽心尽力了，就算考砸了也没人会怪我的，我的压力也会小得多。"阿海真诚地说。

阿海做出决定：继续留在初二读一年，基础巩固、扎实了，再去面对中考。一年之后，接触过他的老师都欣慰地发现了他的变化：打招呼时，和以前一样彬彬有礼，不一样的是，他的眼里有了含着自信的笑意。

（上海市南汇第二中学　向翔）

【评析】帮助厌学生建立积极的归因方式

美国心理学家阿特金森将学习者的动机分为追求成功和避免失败两个维度，并据此将所有学生分为四个类型。

A 类学生是"过度努力者"。他们既有强烈的追求成功愿望的行动，又特别害怕失败，总是担心自己不够出色，追求完美。

B 类学生是"力求成功者"。他们通常有旺盛的求知欲，比较自信，由于能理性地为自己设置合理的目标而经常体验到成功感，这使他们对失败的担忧很少，而对成功的期望较高。

C 类学生是"逃避失败者"。他们对失败的担心远多于对成功的渴望，回避挑战性任务，总想找到成功的捷径，宁肯不学习，也要避免自我预期中的失败。

D 类学生是"接受失败者"。由于他们对成功的期望、对失败的恐惧都很小，表现出对成功和失败都不在乎，得过且过。

显而易见，学困型厌学生集中在后两种类型，即"逃避失败者"和"接受失败者"。需要提到的是，根据阿特金森的理论，在经历了过多的失败体验后，"逃避失败者"可能会从避免失败慢慢变得对失败感到麻木，从而转化为"接受失败者"。

《漫战"努力无用论"》中的阿海是典型的"逃避失败"型厌学生，初中的一次英语考试“栽了个大跟头”让他一蹶不振，从此以消极态度应对学业。“努力无用论”只是他维护自我尊严的借口。“逃避失败者”对于学业显得冷漠，没有进取心，他们往往会故意贬低学业的价值，故意表现出对学习任务的厌烦，正像阿海那样，常把“没意思”、“没劲”放在嘴边。

20世纪70年代，韦纳以归因学说对阿特金森的研究进行了再解释，明确指出，一个力求成功的学生会将考试失败归因为自己不够努力或任务很难，这样的归因会促使自己仍然保持着对自己能力的乐观态度，并愿意继续努力。而逃避失败的学生往往将学业或者考试的失败归因为能力问题，继而引起自卑感，而自卑情绪的产生会阻碍他继续努力。

这样一来，我们就会对阿海日常的种种厌学行为多了一分理解，“努力无用论”只是他保护自己能力的借口，他私下里对死党说的“我很自卑”才是他的内心自白。而这种自卑情绪开始也许只是来自那次英语考试失败后母亲冲口而出的那句“你根本就不是读书的料”。

引导厌学生对学业成败进行正确的归因，要注意以下两点。

①教师和家长对厌学生的能力评价要极为谨慎。母亲的一句无心之语竟让阿海在此后的几年陷入难以消弭的自卑之中，直至几年后，在面对咨询师回忆这段往事时，这个阳光大男孩儿仍然禁不住“红了眼圈”，这实在令人警醒。在现实生活中，不少老师和家长常常将学生的学业问题归结为学生智力低下，甚至当面脱口而出“你真笨”、“你就不是学习的料”、“怎么这么简单的题目你都看不懂”。正是这样的语言，严重地挫伤了学生，尤其是学困生的自尊，导致他们对学业丧失信心，进而厌学。

②引导厌学生进行努力归因而非能力归因。设想一下，假如母亲在阿海初中那次英语考试失败后说的不是“你根本就不是读书的料”，而是“你其实就是不努力，要是好好学，也可以像别人一样好”，结局会怎样？

在很多学生眼里，努力就是一把双刃剑，努力有可能取得学业进步，但又“意味着”能力低下，努力总是对自尊存在着潜在的威胁。对于长期学业落后，对自己学习能力又信心不足的学困生而言，这种巨大“风险”导致的威胁显然更大。既然努力后的失败比不努力的失败更丢人，不如干脆就不努力，不学习。

那么，应该怎样扭转、改变这种在厌学生中普遍存在的不良归因倾向呢？

一方面，要积极发掘厌学生的闪光点，帮助他们避免对过往的学业失败做能力归因。咨询师敏感地察觉到阿海的自卑情绪可能来自母亲当初的低能评价，要求他鼓起勇气向母亲求证。而母亲的积极回应对重建阿海的能力信心显然起到了很好的作用。略显遗憾的是，老师未能在转化过程中指出学生更多的优点，比如他的篮球天赋，比如他曾经也是一个学业优良的学生，进一步帮助他树立“我不比别人差”的自我价值感。

另一方面，要帮助厌学生从自身和周围收集正反两方面的证据，对学业成功做努力归因。从正面来说，老师帮助阿海认识到今天的优越生活来自父母的努力打拼，这一点对这个年龄的孩子来说，感受还不是很深，而直接让他回忆那些因努力而有所收获的切身经历，则让阿海得到了“努力得来的收获比不努力就拥有的事物能带来更大的欣喜与满足”这样的自我验证。

从反面来说，那些面对困难极易放弃的厌学生，他们的思维常常是“题目太难，我太笨”。要转化这种归因，教师可以引导学生从以下三个方面搜集证据。

①题目真的太难吗？教师可以给学生适当的提示，让他意识到这些知识以前都学过，只是一时没想起来，只要多想一想，就会做出来。

②他也可以做出来吗？教师可以将他跟同等水平能顺利解决该问题的学生相比，让他意识到“他并不比我强，也能做出来，我努力一下，肯定也行”。

③他真的笨吗？可以告诉学生有时候他只是有点儿马虎，只要认真一点儿，一定会考得更好。比如，案例中老师和阿海一起“梳理过去的试卷中因为马虎而出错的题目”。教师应尽可能从努力、认真等较易自我掌控的因素，而不是从能力、智力这样的稳定因素入手帮助厌学生提高学习信心。

（班主任之友杂志社　蔡涛）

三、培养学习技能

苏霍姆林斯基发现，在绝大多数情况下，不会学习是懒惰和懈怠的最初原因，不愿学习、厌学这种不良的学习态度是由不会学习转变而成的。也就是说，学生最初只是不会学习，没有掌握基本的学习技能，最终才发展为不愿学习，甚至厌学，而并非教师眼中彻头彻尾的懒汉。所以说，针对因不会学习才变得不爱学习的学生，首先应该教会他们掌握基本的学习技能。

【案例】一次“拔苗”的尝试

高二上学期快结束的时候，小城的妈妈给我打了个电话，说要准备办退学手续。我大吃一惊。

脑海中满是小城的画面：下课铃响了，他和同学打打闹闹；上课铃响了，他交叉起胳膊，把脸埋了起来；常有同学代他来请假，迟到、病假、事假……仔细琢磨起来，不得不承认，原来这次提出退学要求，是日积月累之“功”啊！而我作为班主任，竟然如此不敏感，无所作为！怀着几分愧疚，带着一份自负，我毅然冒出一个想法，做了一次家访，当着孩子和他妈妈、外公外婆的面，我做出了一个承诺：从 2007 年新年的第一个周日开始，接他到我家住，用一个月时间，帮助他补基础、改学法，保证他期末考试不亮红灯。

“一定要坚持住”

第一天进门时，我看到小城的表情，笑着说：“怎么？后悔了吧？”我们相视大笑。

我先请小城坐在椅子上，在早已准备好的本子上写下自己此行的目标。小城斜着身子写了几行字，就说写好了。我一看，写得还真不错：“1. 成绩提高到××名之前；2. 读书能静下心来，有点儿效率；3. 对学习有点儿兴趣；4. 在学校能够更加充实一些。”

我笑道：“你说说看，刚才在门口背书的30分钟有效率吗?”（我要求他在进门之前先背30分钟书）

“有!”

“我还怕你骂项老师不给你面子把你关在门外呢。不过你肯定很不舒服，觉得太辛苦了吧?”

小城谈了自己的感受：“我觉得自己学习其实也可以有效率，只不过老是管不住自己，所以效率特别低。学一天还不如刚才的25分钟。还是得逼自己一下啊。”

之后，小城在纸上又写了三句话：“先苦后甜，就算先苦后面未必会甜，也总归不比现在苦。要对得起自己，首先得对不起自己，一定要坚持。一定要坚持住，一定要进前××名，一定要让自己、让妈妈、让项老师、让所有的人都知道我能创造一个奇迹，一定要坚持住!”

果然出现了反复

第四天晚上，他的每日汇报写得很随意，篇幅也很短，出现了“啊!受不了了，坚持不住了。放过我吧”这类的字眼。我要求小城重新写，结果引来了小城在日记中的爆发：“我知道该做什么，但却怎么也不想去做了……”

小城在写日记的时候，我在洗澡，等到我出来时，小城已经关灯睡觉了。几经思索，我忍不住爬起来，敲响了小城卧室的房门，他果然也没有睡着。

没让小城开灯，我坐到床沿边，他抱着被子坐了起来，我跟他随意地聊。首先，我表达了对他的理解，明白他的压力太大。然后，我让他回忆当初自我鼓励的誓言，好好想想：最近的目标完成了几条？问题到底出在哪里?

“每天都是这样，觉得有点儿累。本来以为今天是第四天了，明天就是周五，后来发现还有两天，就沉不住气了。”

“我能理解，整天强调的都是读书，确实很辛苦。我们以后可以调节一下。现在来想象一下如果你这样坚持下去了，虽然现在很痛苦，但是最后成绩是不是会有进步？”

“是的。”

“想象一下，讲评试卷的第一节是数学课。结果平均分 66 分，你拿了 60 分。你高兴吗？”

“嗯，高兴。”

“如果 A 同学还是不及格，来问你秘诀，你会对他怎么说？”

“我会说，其实我只是比以前用心了一些，花了点儿时间而已。你也行的。”

“好，现在到了第二节试卷分析课，是外语。平均分 65 分，而你及格了。你说窦老师会不会表扬你？”

“肯定会的。”

“那你想象一下，他表扬你的时候是怎么叫你名字的？是不是这样……”（我模仿英语老师的口气，黑暗中，我们开心得大笑起来）

小城愉快地答应了再坚持一天。

“将来预演”的方法，不少人都知道。我最欣慰的是，当时能够傻傻地、老老实实地、有意识地运用这个方法来帮助小城逐渐走进自己的内心，帮助他发现价值实现时的具体情绪体验。这样的“将来预演”，看似新奇，其实离生活很近，离孩子很近。

学习能力问题

学习能力的一大体现是对学习内容做学法选择的自觉性与合理性。小城在这个方面的问题，我还不能很精确地描述。

所以，我决定尽可能精细地了解他的学法问题，在了解的基础上择机介入。

数学有一小节的所有例题，他一共只用九分钟就看完了，并表示全部看懂了。我很奇怪，但又不好说不相信他全部看懂了，就拿了一张白纸，在六个例题中挑了一道例题（这是道需要分类讨论的题目，对思维的挑战性比较大），抄了一遍题目，然后让他解答。

小城很自信地拿过纸，开始做题。很快，他的表情就变成痛苦状了。过了两分钟，他偷偷地扯过书看了起来，但很快就把书合上开始做题。又过了两分钟，他再次打开书，一边看一边前后翻动，推敲了五分钟，才合上书本再次做题。总共用了十几分钟时间，他终于停笔，说："完成了第一部分，后面的讨论能看懂，但就是做不下去。"

我询问了小城三次看书的体验，他说："第一遍看得很快，觉得很顺利；第二遍看书，是因为拿起笔做题目的时候发现公式忘记了，看公式；第三遍看的时候觉得很奇怪，为什么这段话一定要出现这几句。后来终于弄懂了，认为这段话每一句都很有必要，就开始做题目了。但是分类的题目还是不能把握怎么思考。不过，总感觉对这个公式的理解更加深刻一点儿了。"

我很高兴，赶紧抓住机会问他该怎么看例题，他自己总结方法为："应该自己抄例题，看懂之后再做几遍，直到做出来为止。"

对此，我表示赞同，顺便用点儿理论为他的总结镀金，希望达到更好的刺激效果："知识一般分成陈述性知识和程序性知识。关于数学公式、定理等停留于记忆层面的知识，属于陈述性知识。而解答例题则是考察对程序性知识的掌握能力。所以，数学公式应该运用陈述性知识的掌握方法加以理解、记忆和背诵；而程序性知识则以动笔演算推理和调整体会为主。像你说的重新做例题，就是动笔，是符合这个理论的。"

他听了很开心。

为了保证效果，必须让小城当场获得成功体验。于是我用了一个小时陪他逐一推敲了这一章节的数学概念，并重做了所有例题。

在重做例题的整个过程中，小城的情绪很好。看来，他对用重做例题的方法来复习数学，是认可的。

尾　声

区统考时，小城迎来了语文成绩带给大家的惊讶与掌声，迎来了数学老师对他的表扬与刮目相看，当然，也迎来了虽然努力但英语依旧亮红灯的事实。

现在，小城已经毕业工作了，这几年我们一直有联系。他高三那年转学了，转到一所学习美术的学校——他曾跟我讨论过梦想，想学习品牌策划、平面设计。最近，听到了他的好消息——他终于进入一家知名品牌公司做顾问，听说为了得到这个职位，他还苦练英语，最终心想事成。

（上海市卢湾高级中学　项恩炜）

【评析】让厌学生成为自己学习的主人

学生的智力结构是存在差异的，不能要求每个学生都能取得好成绩。然而，不能因为学生智力结构有差异就忽视对他们学习能力的培养。我们转化厌学生时，不要指望把他们变成学优生，而要引导他们掌握基本的学习技能，明白学习的价值，从而成为学习的主人。而且，我们有理由相信，这样的能力培养，一定会有助于他们学业成绩的提高。

要让学生成为学习的主人，首先就要引导学生制定目标，完成目标。

斯奇温哈特等人曾进行过一项长期追踪研究：每天早上与一些儿童谈话，鼓励他们与老师讨论自己想做什么、为什么想做。放学前教师再与他们讨论他们实际做了什么，并且让其诉说是否感到成功或失败。对这些儿童进行追踪调查直至其成年，结果发现：这些儿童在成长过程中，不仅在学校教育中取得了很大的成功，而且在进入社会后很容易找到工作、建立家庭。可见，在日常学习活动中，进行有计划的训练会让人受益终生。这是因为他们在这种训练中形成了强烈的自主性动机和很强的执行计划的能力。

教师可引导学生学会制订计划的方法。

（1）教师应建议学生在制订计划之前，不妨先动动笔，用书面形式分析一下自己的学习情况。主要包括以下两种：①目前的学习状况。如现在的学习情况如何，哪门课成绩好些、哪门课成绩较差等。这样才能有针对性地制订学习计划，如哪些科目较差，就多分配一些时间。在学习上，做到抓重点、抓难点。②学习习惯。这是指在某一时段喜欢学习某种科目的偏好。有的人喜欢在早晨背书，就可在早晨安排一些注重记忆的科目，如外语、语文等。有的人喜欢在下午解数学题，就可在下午安排一些注重计算的科目，如数学、物理等。根据自己的学习习惯制订计划，可以大大提高计划实施的有效度。

（2）告诉学生制订计划的正确原则。①在时间规划上要留有余地，不要太满、太死、太紧，要留有机动时间，以应对随时出现的情况。这样，完成计划的可能性就会增加。②计划不能订得太高。很多学生在制订计划时总是豪情满怀，恨不得在很短的时间内把所有落下的功课都学完，可执行起来却有相当的难度。③计划不能太空泛。比如“晚上 7 点到 9 点半学习”，执行时很容易为自己找到开脱的借口。在计划中，几点钟开始学习、学什么、中间是否该休息、休息多长时间，这些一定要明确规定好。这样执行起来才有力度。

（3）帮助学生落实计划。小城在完成计划的过程中出现了反复甚至烦躁情绪，对于一个长期厌学的学生来说，这样的情况是难以避免的。教师采取的方法是“将来预演”，在学生出现畏难退缩情绪时，绘声绘色地和学生一起预演学业成绩提高后同学的羡慕和老师的惊讶，收到了很好的效果。

需要提到的是，在讨论计划执行的时候，老师可以鼓励学生直接表达对坚持计划的畏难感受，然后换位思考，用角色对话让学生自己说服自己。这样的方法会让学生产生“即使我不喜欢，也要积极去做”的意识。而建立这样的意识，正是厌学生有效执行学习计划的关键。

其次，引导学生发现问题、解决问题。

厌学生在学习方法上往往存在缺陷，而且对自己的学习方法问题又缺乏清晰的认识。如案例中的小城，在看例题的时候觉得容易，可是做题的时候却感到出乎意料的难。在帮助学生改善学习方法上，有两个做法颇有价值，值得借鉴。

其一，设置难度，让学生自己发现自己的问题。心理学工作者发现，如果剥夺了学习者体验学习难度的机会，就会影响他们对学习难度和自身学习问题的判断。在小城自信地表示“全部看懂了”之后，老师挑了难度较大的题让他做，让学生在出错中实实在在体验自己的学习问题所在，这显然比简单地命令“你应该这样做”，要有说服力得多。

其二，层层推进，让学生自己解决自己的问题。对于小城已出现的数学学习问题，老师先是引导学生对自己三次看书的体验进行梳理；然后推进话题，让学生自己总结出看例题的方法；最后再乘势引导他掌握学习数学的一般方法。

这种引导式的辅导方法不仅有助于改善学生的学习方法，提高学生的学习效率，更为重要的是，和帮助学生制订学习计划一样，可以让学生参与到自己学习过程的“决策”中来，会让学生感到自己是学习的主人。这种对任务、环境的掌控感，对学生的未来发展也具有积极意义。

讨论这次“拔苗助长”的尝试是否成功，以及他“迎来了语文成绩带给大家的惊讶与掌声，迎来了数学老师对他的表扬与刮目相看，当然，也迎来了虽然努力但英语依旧亮红灯的事实”，意义不大。可是，我们隐约看到了小城为了实现自己做设计师的梦想去学品牌策划、平面设计，为了得到一个顾问职位苦练英语背后那些动人的成长片段。而一同成长的，显然还有一直与他相伴相携的老师。

（班主任之友杂志社　蔡涛）

（策划　胡瑾、蔡涛　班主任之友杂志社）

第七章
那些沉迷于“恋情”的学生

他们闯进了一个叫“爱”的花园，他们体验到一种从未有过的感情，面对悬崖边上的花儿，他们不愿意仅仅驻足欣赏；面对盐碱地里的玫瑰，他们甘愿用青春去培植。因为“爱情”，他们理直气壮，他们辗转反侧，他们痛苦沉沦……

我们，应该怎样去帮助他们？

第一节 “早恋”的消极影响

早恋的花儿并不都像带刺的玫瑰那般美丽，离家出走、亲子失和、顶撞老师、满身淤青、冲动自杀……这些都是我们不愿意看到的，也是我们听闻学生早恋后担忧与害怕的，更是我们必须重视的。

一、心思分散，成绩下降

【案例】学习标兵早恋了

开学几周后，一位老师向我反映欣雨和他班上的一名男生过往甚密，两人经常互通信件，甚至利用晚自习时间写信，很多语言不是很健康……她可是我们班老师眼中的“优等生”，同学们羡慕崇拜的“学习标兵”，如果她出了问题可就麻烦了，不仅不利于自身的发展，还会给班里其他同学造成不良影响。

课堂上欣雨开始心神不定，经常走神；作业质量也开始下降；她还经常若有所思地写写画画……这是从来没有过的事情，看来要出问题了。于是，我找她谈话，而她始终低着头，不敢看我。

“这段时间感觉状态不是很好，没法儿集中注意力听讲。”看来她已经意识到自己存在的问题。

这次谈话主要是想让她明白，老师已经注意到她的状态了，她的这种状态已严重影响到学习了。

突然有一天，欣雨在周记本上给我写了一封很长的信：“……被他的班主任发现后，他就不理我了，我特别心烦……我也不知道怎么了，上课总想着这件事，他的冷淡让我很难过，看到他和别的女生有说有笑的，我就很不高兴……”她说现在她很矛盾，不知道该怎么办，向我寻求帮助，并且一再让我替她保密。

再三考虑后，我决定也采用书信交流的方式。一本周记本，就这样写满了她慢慢的变化。后来她终于重新找到正确的方向，顺利考上了市重点高中。

（湖北省房县军店镇中学　邓月华）

二、不顾影响，行为出格

【案例】张扬的爱

十几年前，我教的八班有两个孩子谈恋爱谈得轰轰烈烈。

男孩儿叫小冰，是班里第一名、年级里数一数二的角色；姑娘叫小想，是班里女生第一名，年级排名也不弱。他们本都是极有希望考入市一中的尖子生。

两个人那个好哟，无论怎么排座位，他们都会想尽一切办法坐成同桌；无论两家离多远，总是牵着手一起来，一起走！根本不管别人怎么看、怎么说。别说班里同学全知道，年级同学、老师也全知道。

这样两个孩子谈对象，老师们岂能不急不理？他们这样明目张胆，又岂会不影响学业、不影响班风？

左一个老师谈，没用；右一个老师谈，也没用。小冰瞪着一双无辜的眼睛问我：“老师，罗密欧和朱丽叶死在坟墓的时候，几岁？贾宝玉和林黛玉相识、相恋的时候，几岁？我为什么不能？”

可他们的结局并不理想：男孩儿以一分之差，付出了一万八的代价进入市一中；姑娘以十几分之差付出了两万多。而且，两个人最终也没有走到一起。

（河南省安阳市第六中学　付玲）

【链接】

可不可以把恋爱当游戏？

恋爱和结婚，都是可以拿来做游戏的，但那应该是幼儿的游戏，一个男孩儿演新郎，一个女孩儿演新娘，坐轿子，吹喇叭，拜天地，挺好玩的。我觉得这没有问题，家长一般也不会反对。为什么？因为幼儿还没有性意识（狭义的），他们一般不会越玩越大，也不会玩着玩着“动真格的”。

青少年时代就不行了，会有一些后果超出游戏。比如弄假成真了，游戏变成事实了。有人会说，那不更好吗？没这么简单。游戏的特点是随时可以撤出，我不想玩就不玩了，而认真的恋爱，是不能随便撤出的。如果一个人玩腻了想撤出，另一个人说这不是游戏，你不准撤，我要追着你，粘着你，我已经是你的人了，我能想到的最浪漫的事就是和你一起慢慢变老，这可就麻烦大了。青少年时代，人的思想和心理不成熟，他们对人对事的看法往往会迅速发生很大变化。今天我看你是白马王子，明天就可能发现你是一头驴。你想摆脱他，却甩不掉了，他甚至可能会对你耍驴脾气，威胁你。这种事并不是没有过，不新鲜。这时候你后悔了，说我只不过是和你玩玩，那是无法过关的，这叫作“请神容易送神难”。

有的同学可能会说，不会的，我也只不过是想玩玩，对方也是这么想的，大家都随随便便，不会出问题的。如果真是这样，那倒不会出现“请神容易送神难”的问题，然而会有另一个问题，就是失去了恋爱的神圣性。爱情本质上是不可以闹着玩的，哪个少男少女会把一个朝三暮四的人当作自己的梦中情人？你若真爱一个人，你肯定希望他只爱你一个，这样的人像一棵树，你可以靠在上面，得到安全感。如果对方是一个恋爱游戏的高手，见一个爱一个，女朋友走马灯一样换，你会真心爱他吗？你能相信他真心爱你吗？如果他是这种人，你也是这种人，都是花心，在一起倒是比较般配，但是我敢保证，双方就都没有真正的爱情可言了。我青年时代曾经听说过一个谚语，一直记在心上：“你拿生活开玩笑，生活对你可很认真。"各位同学，听我一劝，不可以拿生活开玩笑，否则生活一定会惩罚你的，不信你可以打听一下成年人中那些拿爱情开玩笑、做游戏的人，看看他们最后是否得到了真正的爱情。

有同学会问，不让拿恋爱做游戏，那我们用什么办法做未来恋爱的准备呢？我们怎样发泄青春期正常的恋爱冲动呢？我的意见是，不要轻易谈恋爱，但是可以交朋友。男女生之间的友谊，它和爱情既有区别，又互相联系。友谊不必躲躲藏藏，可以正大光明地进行，可以在友谊中慢慢地互相了解，长时间地互动，如果你们确实有缘分，到毕业的时候肯定就不愿失去联系，那不就"有戏"了吗？而且这么做，谁也不会有压力，可分可合，进可攻退可守，情感不容易有剧烈波动，也不容易影响学习。我的有些学生就是这样从学生时代的朋友后来变成夫妻的，他们生活得比较幸福。

（北京教育科学研究院基础教育研究所　王晓春）

三、顶撞对抗，师生关系僵化

【案例】从知心到敌对，我错在哪里

玲从小就被过继给了别人，养父母并不怎么支持她读书，但她一直很努力，想争口气，让父母知道自己真的可以。她有时候会找我谈心，说一说心里话。一来二去，我们就成了无话不谈的好朋友。

高二下学期的一天，她来找我，还没有开口，眼泪就掉了下来。原来，她和班里一个男生谈恋爱了。而知道那个男生是谁时，我更惊讶了。他？怎么可能？我的一个得意门生和一个成绩倒数、抽烟、行为懒散、个头矮小的男生谈恋爱了。疏导效果并不明显，或者说没有效果。高三来临时，我对她提出要求——不能影响自己的学习，不能影响同学们的学习。她承诺说会做好自己。我想懂事的她一定会听从我的建议。

然而，有些事情是始料未及的。为了所谓的"爱情"，她不想上大学了：男生成绩很差，考大学是一件很困难的事；不想让男朋友独自一个去

面对高考无果的结局，她要和他一起承担。我们两个小时的交谈内容，她都一一否定，在她面前一切都显得苍白无力。

课间，我看到在男孩儿的座位上，她从后面抱住男孩儿，看到我走进来，又迅速走开了。其他同学也看到了这一幕。怎么处理才算得当？我焦躁起来，失去了冷静，把她喊出教室，在走廊里大声呵斥：“你还想不想读书？不想读的话现在就回家。”她泪如雨下。隔天下午，他们跟我请假，说是要出去解决问题，我问她什么时候能回到学校，她说不知道。我没有批准，当面把请假条撕得粉碎。她又一次落泪。我知道我们已经不再信任彼此。我厉声断喝，是对她的不满，而又何尝不是对自己的惩罚？

我们的关系迅速恶化，她甚至不愿意和我说话了。我再次找到她，她用愤恨的眼光看着我说：“我要和你对抗到底！”那个爱说爱笑，爱跟班主任讲心里话的学生已经不在了，站在我面前的是一个内心充满怨恨的陌生人。我做错了什么？我该怎样对待她？我不知所措，我知道我在她心目中已经变了样儿，我们之间的关系，要想和以前一样，不再可能！

（广东省中山市实验高级中学　刘宝剑）

四、亲子关系紧张，行为冲动

【案例】他扬言要杀了母亲

近来蔡上课时常打瞌睡，无心学习，作业极潦草，甚至不完成作业，成绩一落千丈，多次被老师发现在课堂上玩手机。我收缴了他的手机，就初三学习的重要性跟他做了一次长谈，但是效果几乎是零。联系他母亲，他母亲说因为上网，母子关系越闹越僵。

原本我以为他是沉溺于网络，不料，有一天我发现他的手臂上出现划痕，类似某种图案文字，没几天又看到他的脖子上有一块紫色的淤青。这让我感到问题严重，赶紧打电话给家长。从他外婆那里得知，这学期他总是要零用钱，常常凌晨十二点多才回家。好几次，跟外婆吵架后就没有回家。家人觉得这是丑事，不好意思跟老师说。我猜想这孩子应该是早恋了，而且陷得比较深。于是我把他叫来，开门见山地问他是不是有女朋友了，他深深地低下了头，不出声。见他默认了，我又追问脖子上的印记是不是女孩子给的，他点点头。

他跟我说，母亲和继父在外事业有成，风光无限，却经常不回家。自己每天回到家里面对的是空空的房间，没有人说话。刚升入初三时，就经同学介绍认识了初二的女生叶某，谈起了“恋爱”。叶某非常关心他，有次感冒了叶某对他嘘寒问暖，可是母亲却什么都不知道。两人常常在放学后相约一起回家，有时在外面的公园里玩到很晚才回家。几乎天天晚上通过手机聊天儿到深夜，除此之外并没有什么出格的行为。还好情况不至于太糟。我告诉他要爱护自己，更要爱护女孩子，不要因为青春的骚动而做出出格的事情来。

没想到，不久，他公开和女孩子约会了，向妈妈坦白了自己早恋的事实。母亲知道这一情况后，用各种办法找女孩子，甚至跟踪女孩子，到女孩子家里去跟其家长理论。这让他感到无比羞辱，跟母亲大吵一架，扬言要杀了母亲。他的继父看不下去了，出手打了他。我闻讯赶去，在他家里调解了很久，离开时已经深夜一点多了。

从那以后他不再跟女孩儿来往了，也不再夜不归宿，但一直很消沉，无心学习，继续沉迷于网络聊天儿，直到毕业。

（浙江省杭州市萧山区闻堰镇初级中学　李亚蓉）

五、因失恋而选择轻生

【案例】他因被拒绝服药自杀

那是第三节课前，最后一排的男生刚突然发起飙来。只见他随手一挥把自己课桌上的书全弄到了地上，然后一屁股坐在凳子上，面无表情。我连忙走了过去，发现他的桌子底下有一个大毛绒玩具，外包装被摔坏了，毛绒玩具的鼻子从里面可怜巴巴地伸出来。我在他身边坐了下来，轻声问道：“怎么了？和朋友闹别扭了？送给她玩具被拒绝了？……”

几分钟后，一直低头不语的他身体开始抖动，他抬起头来对我说了一句至今让我想来都后怕的话：“老师，我吃药了！”“什么？吃药了？吃的什么药？什么时候吃的？快说！”“一盒胶囊，临来时在家吃的。”经过医生及时的救治，他终于安然无恙地出院了。

后来，他在日志中写道：“自己太幼稚，为了所谓的‘爱情’竟然‘自杀’，真的很可笑。”

（河北省武邑县职业技术教育中心　李淑霞）

【评析】

无论是视早恋猛于虎的老师，还是持早恋无害论的老师，都常常处在理解与担心的矛盾纠结中。在是否干预上，老师们往往打一个大大的问号，存在三个误区。

其一，将理解行为与帮助学生解决问题对立起来。误以为理解学生，就应该支持早恋。理解青春期孩子们的心理，不能不说是时代的进步，接纳、共情、理解没有错，但理解并非赞同，接纳并非支持。但凡深陷早恋中的孩子，无一例外，学习、生活都会受到影响。

其二，以偏概全，单纯以学生分手为目的。看到学生终于分手，哪怕学生从此消沉下去，无心学习，亲子关系生疏，师生隔膜，也以为是一种胜利。

其三，关注点仅为对学生学习成绩和班级学风的影响。

不可否认，早恋多多少少会干扰学习。即使是班级学习标兵，也不例外，比如，“课堂上欣雨开始心神不定，经常走神；作业质量也开始下降；她还经常若有所思地写写画画……”。作为主业的学习显然受到影响。一些老师视早恋如洪水猛兽完全可以理解。此外，“根本不管别人怎么看、怎么说。别说班里同学全知道，年级同学、老师也全知道”，小冰、小想的“恋爱谈得轰轰烈烈”。学生无所顾忌的早恋行为，对整个班风的影响不容忽视。学生的种种状态充分说明老师的干预不仅必要，而且还应尽早。

但如果仅着眼于学习，止步于学习，而不是探究学生陷入恋情的原因、交往行为的尺度、思想上的困扰，不知道学生真正需要帮助的是什么，很有可能解决不了问题，反而会产生新的问题，甚至是大问题。

沉浸在“恋情”中的孩子，虽然情感上渴望与异性接触、交往，但理智上仍有种种顾虑，主流的价值观让学生在学业、情感间困惑彷徨，他们看似气壮，实则自觉理不直，甚至有负罪感，加上交往过程中的悲悲喜喜、外界明里暗里的压力，难免会心理失衡，出现极端行为。

原本愿意向老师寻求帮助的玲终于和老师从知心走向敌对；蔡，身上出现划痕、淤青，精神更是伤痕累累，甚至扬言要杀了母亲；刚，更是经历了一次生死劫。

如果对早恋只是以理解为由而无所作为；如果学生自杀未遂后看到学生的醒悟大舒一口气，而不去深思事件何以至此、如果孩子没有抢救过来呢，不去反思自己有些工作是否做得不够到位、有些观念是否需要改变，或许，在下一次事故中，自己就不是幸运的老师了。因为早恋，行为越轨，少女变成母亲，朋友争风吃醋大打出手，恋人反目，家人动武，以及其他种种由早恋引发的犯罪事件触目惊心，并不鲜见。

对早恋，我们要理解，并用理性的态度、科学的方法，去帮助学生渡过这一关。

第二节　自以为成功的应对策略

当我们觉得自己的方法有效，或者某个个案真的成功了时，一定要分析当时具体的情况是怎么样的、起作用的究竟是什么。

一、青苹果不食说

班主任们常常这样说：不要过早尝试爱情，生命不需要拔苗助长，比如早熟的麦子虽然可以提前收割，但产量低而且易折倒；最美的东西不是要捧在手心里，而是要远远欣赏；只有等到成熟的季节去采摘，才能有最好的收获。

班主任们相信：听了这样生动的比喻，孩子们都会点点头，收起青春的萌动，开始等待苹果的成熟……

【案例】弯下腰来倾听

再有三个月就要中考了，时常围在我身边的两大帅哥有了和平时截然不同的举止：高大帅气的聪对我是照顾有加；机灵聪慧的波则垂头丧气，无精打采。两个好伙伴之间少了往日的默契与欢笑。

我不动声色地在操场上观察着他们的一举一动。几天下来的观察，证实了我最担心的事情还是发生了。他们两个同时喜欢上了成绩一直稳居班级第一的萌—— 一个文静博学的女孩儿。联想到前几天波独居一隅、天天面壁的情景，以及科任老师关于他们三人的唠叨，我知道聪和萌走到了一起，而波失意了。

这类问题最棘手，也是我最担心的，稍有不慎就会产生极大的负面影响。怎么办呢？他们三个可是所有老师心中的宝贝，更是我的得力助手，也是父母心中的骄傲。对于此情此景，我是装作不知道呢，还是告诉家长？还是——

首先，我在波找我请教问题时留下了他。我单刀直入，和他挑明了谈，谈了我的发现，谈了我的担心，谈了我的心疼，也谈了他的难过、迷茫——他垂着头落泪。随后，他断断续续将事情的来龙去脉告诉了我。我抚摸着他的头，告诉他：老师也是从朝气蓬勃的青少年时代过来的，喜欢一个人说明你开始长大了。可是最美的东西不要捧在手心里，而要远远欣赏，只有等到成熟的季节去采摘，才能有最好的收获。同时，我告诉他我不会将这件事告诉他的家长。

随后，我找个理由将聪叫到了我的办公室。聪明的聪一下子脸红了起来，料峭的春日里，他却一会儿就满头大汗。他小心翼翼地说出了自己的幸福，也说出了自己的不安；说出了对未来的迷茫，也说出了学业与情感的矛盾。我说："你要想给对方幸福，首先得有能力使自己很优秀，超过女孩儿才行。我希望你们都能进入一中，为以后你们理想的生活迈好决定性的第一步……"聪答应和萌保持距离，但要求我不找萌谈话，也不要让家长知道。

我自始至终没有找萌谈过话。不过，令我欣慰的是他们三人成绩稳中有升，最终都以优异的成绩进入一中的大门。

（河南省安阳市第九中学　马明晖）

【评析】

不要摘青苹果吃，要静等成熟季节，这种疏导方式对一部分优秀学生和恋情刚萌芽的学生是有效果的，而对于深陷恋情、问题多多的学生则不一定有效，偏爱吃青苹果的大有人在。

该案例中的三个孩子，学习优秀，能明白得失，会权衡利弊，又面临中考，即使"我"不去干涉，中考的压力也很有可能会淡化波失恋的痛苦，减少聪与萌的接触。应该说，这三个孩子只是面临着青春期的情感问题，还谈不上是早恋的问题学生。

【链接】

关于早恋，为什么我们的说教越来越苍白

我在网上见到过一篇关于早恋的文章，其中有这样的话：

可能我们还没张嘴，孩子们就知道结果了——禁果不可吃！他说：偷吃的果子，别有滋味。你说：青苹果不好吃！他说：现在有一种苹果，颜色是青的，果实是成熟的。你给他男女分班，结果男生支着耳朵听楼上女生班的动静，女生也说没有男生的课堂真单调。你说离坏小子远点儿，她认为“坏”是一种活力、一种激情，叫“酷”。你威胁说敢和男（女）生好，打断你的腿（真打要负法律责任），于是出现了罗密欧与朱丽叶效应——越打越黏糊。你说早恋影响学习，他给你搬出马克思和燕妮。你再说，他还有弗洛伊德等着你。结果我们的声音越来越苍白，孩子们的心离我们越来越远。我们的话成了自言自语。

为什么成人的说教越来越苍白？是成年人忘记了自己青少年时代的情感经历，变得不近人情了？是成年人的观念有问题，或者沟通能力不够，话说不到点子上？都有道理。但是愚以为还有一个原因，那就是，我们的社会风气教会了孩子们很多歪道理，我们的教育专家们理论上的失误，把“满盘子满碗的道理”都给了孩子，让他们振振有词，而自己则理屈词穷。成年人无原则地对孩子拍马屁，在解放他们某些观念的同时，也助长了歪风。

本来有一定道理的观点，经过片面的、绝对化的宣传，最后的结果就是，孩子怎么做都有理，大人怎么做都没理，除非你顺着孩子。在这种氛围中，教师和家长只要一说话，必定是“苍白”的，还没开口，就已经“苍白”了。还没上阵，就已经被打败了，因为自己提前解除武装了。

其实，孩子为早恋辩护的语言很可能更苍白。像上面文章中的话——"偷吃的果子，别有滋味"、"'坏'是一种活力、一种激情"等，无非是鹦鹉学舌地重复电视剧里面的台词罢了。这种东西，只要有点儿油嘴滑舌，只要学点儿诡辩就行了。教师和家长居然还以为这是多大的学问，然后自惭形秽地觉得自己"苍白"了，教育者的起码自信都没有了，还怎么教育孩子？

我不是说教育者目前处理早恋学生没有简单生硬的问题，有，有时还很严重，但那是一个专业水平提高的问题，而这种提高不能跳到另一个极端去，教育者不能打着"尊重"和"疏导"的旗号，把自己变成学生不良行为的尾巴。教育者一开头就要把事情说全面，不要只讲一面理，不能把武器都交给对方，如遇到学生油嘴滑舌，一定不要觉得自己"苍白"，而要指出"你苍白，你没有自己的思想，你是在拣一些对自己有利的话说，鹦鹉学舌"。

一位中年知识女性，把上初中的女儿叫到身边，指给她看窗外一个修理自行车的老年男子，说这就是自己当年暗恋的第一个男性。女儿吃惊地看着母亲，大惑不解，母亲平静地告诉女儿，最初的爱是不成熟的、盲目的，也是多变的，要珍惜友谊，慎言爱情。

问题是这个女孩儿并不油腔滑调，若换成另一位，他就可能说："这有什么？虽然您的暗恋没有成功，但您那段情感经历毕竟是美好的。"你看多有水平，你又"苍白"了吧？

所以，我若是班主任，遇到这类"常有理"的早恋英雄，我根本不跟他废话，我才不给他表演诡辩的机会。我会明明白白告诉他："你爱往脑袋里装什么东西就装什么东西，那是你自己的事。但是请注意，学生是有行为规范的，如果你的行为出了圈，对不起，我就执行公务。"这就行了。除非他想真诚地和我讨论爱情问题，否则我是不会和他谈话的。对于这种人，我比"苍白"还"苍白"。

（北京教育科学研究院基础教育研究所　王晓春）

二、不是爱情说

班主任们常常这样说：这份好感并不是爱情，这和亲情、友情没有区别。

班主任们相信：听了这样的比较，孩子们就会点点头，原来这只是一般的友情……

【案例】身入“雷区”把“雷”排

一天，我得知班上学生汪某接到了同班男生张某的几封“情书”。我知道汪某是不可能欣然接受的，但如果长期将此事压在心里，她肯定承受不了，势必会影响学习；如果心理压力过重，还可能会出现不可想象的后果。于是利用一个晚自习的空隙，我找到汪某。在我的追问下，她慢慢从衣兜里掏出张某写给她的信，共计三封。我并没有看信中的内容。“你是怎么想的?”我问道。“我不想理他，可他说如果我那样，他便不读了，我怕我会害他，所以……”她停下来。“那你打算怎么办?”我问道。她摇了摇头，嘴里挤出几个字：“不知道。”我安慰她说：“不要急，老师帮你解决，你只要安心学习就行。”征得她的同意后，我拿出打火机，将这三封信当着她的面全部烧掉。汪某掉下了眼泪，但我想她的心情应该放松了许多。事后，我想，对青春期的孩子们，我还有必要说点儿什么。于是我给全班写了一封不一般的信。

亲爱的同学们：

大家好！

一个浪漫的夏季，我们带着共同的心愿，走进了这所学校，迈进了同一间教室，从相遇、相知到相交，我相信，这是上天的安排。

在我们相处的这些日子里，我的心时刻被你左右着，我发现自己越来越喜欢你，越来越在乎你！

假如有一天，我发现教室里少了你，望着你那空空的座位，我会心神不宁，时刻担心着你，我的世界不能没有你。

我珍惜我们相处的每一刻，因为接下来这一年多我将陪你走过人生中最大的转折点。亲爱的你，就让我们一同进步，去创造我们的奇迹！好好努力，我永远支持你！用心地爱着你！

你的班主任

班会课上，我把这封信写在几块小黑板上，并把信的称呼、开头以及最后的署名用纸盖住。

我问："这是一封什么信？"

"情书！"学生们异口同声，有一小部分学生很不好意思的样子。

"想不想知道，是谁写给谁的？"

"想！"学生们迫不及待。

我慢慢地揭开了纸。

"啊！"全班学生惊呆了。

我问道："这是表达什么爱？""是老师对我们的关爱。"

我问道："如果是父母写的呢？""是亲情。"学生答道。

"那如果是同性的同学写的呢？""是友情！"学生反应很快。

"那如果是异性同学写的呢？"我追问。"是友情，纯真的友情！"学生们笑着回答。"怎么不是情书了？"

班里笑声一片。

（福建省安溪县第八中学　陈炳贵）

【评析】

告诉学生这不是爱情，帮助学生认识到友情与爱情的某些相似之处，引导学生从早恋的旋涡里脱身，这也是老师们常用的一招儿。但"不是爱情说"的方法也是有局限的，只适用于真的模糊了爱情与友情的学生。再者，在班会课上公开谈，更是只适合早恋的早期预防，而不适合对已陷入早恋问题学生的帮辅。

从这个案例中的细节来看，结果未必有老师设想的那么乐观。

学生对于异性间不同于友情的微妙情感并非不知道。老师想打擦边球，想偷换概念，是把孩子的情商看低了。

汪某随身携带情书、为烧掉情书落泪，这些细节都值得老师去深思：这究竟是单恋，还是两颗青春的心已有戚戚焉？

再者，在班会的氛围中，大家所表的决心是否出于真心，要打个问号。班会上欢乐的回答，正是明白老师意图的聪明孩子在选择标准答案。而别人的欢乐，恰是陷入“恋情”的孩子的忧伤。他们很可能会在一片笑声中去寻找证据证明自己正在经历的情感与亲情、友情不同。

三、未来可怕说

班主任们常常这样说：早恋的果实都是苦的，未来的生活都是艰难的，你们走到最后结果是可怕的……

班主任们相信：把未来生活之艰难摆出来，孩子们就会点点头，原来爱情是可怕的陷阱……

【案例】让爱看得清未来

在回家的小巷口迎面遇到女生珏，我注意到珏的身后有一位男生——仿佛是我校同年级其他班上的学生，他迅速越过停在路口的我们，疾步向前走去。珏显得有些急切和慌乱地辩解道：“老师，我和他是……路上遇到的。”

这孩子早恋了。这可不是一个人的问题，而是一个群体性问题——青春期的萌动。

利用星期天的晚自习，我为学生们放映了香港电影《早熟》，片中来自草根的家富和来自温室的若男，偷尝禁果，辍学私奔，咬紧牙关，抵抗着贫穷和饥饿……其间两人都曾彷徨，甚至后悔。最终，家富父母找到他们，若男被送进医院的产房，家富却被警方押走了。

看完影片，我问：家富与若男互有好感是不是出自真心？你是否赞成他们交往，理由是什么？经过不记名调查，百分之百的学生肯定家富与若男互有好感是出自真心；百分之七十的学生不赞成他们交往，理由是学生时代各自都还没有独立的经济能力和对对方负责的能力；百分之三十的学生赞成他们交往，理由是爱是不需要条件的。

接着我们讨论：家富与若男的结局是否理想？有没有更好的爱的方式？他们的决定是否理智？

大多数学生认为沉迷于情感会无法专心学习，影响未来生活质量。

“那么，如果是你遭遇感情问题，你会怎么办？”我装作随意地点了几个人，他们的回答获得了阵阵掌声和笑声，最后我点了珏回答这个问题。

珏站起来，大方地说：“我会当他是一个知心的朋友，把握好相处的尺度，当我们都真正有能力负责时，再考虑做朋友还是做男朋友。”全班又是一阵掌声。

让他们看清这种“爱”的真相和未来，才能真正疏导情感问题。

（江西省泰和县第三中学　赖建斌）

【评析】

“谈恋爱不一定起反作用，但很可能起反作用，这就是说，谈恋爱犹如一场赌博，是要冒险的，可能输，也可能赢……青春恋虽然是美好的，但并不能让它顺其自然发展，当然也不能横加扼杀，而要做恰当的引导……孩子未必会接受痕迹太露的引导。引导学生阅读青春恋影响前途的故事，让他们从中获得领悟，这种方法我称为青春恋后果暗示法。后来曾把这种方法推荐给一些老师，据反馈，这一方法对于正处于青春恋萌芽状态的学生，有一定的效果。”（蒋玉燕语）

不可否认，每种方法都有其局限性和副作用，用《早熟》的悲惨结局教育孩子，孩子们会得出各种不同的答案。有人会认为悲剧源自恋情受阻，有人会为男女主人公在磨难中相互扶持而感动，也有人会因为同情而增加对师长的叛逆之情。

此外，谁又能完全看清爱的未来？即使是我们成年人，也一样。老师试图让学生看到爱情将会面对生活的艰辛，想让他们因害怕而却步，也许这可以避免早恋带来的系列问题，但也可能会对学生未来的婚恋生活造成负面影响，对爱情过于现实、理性甚至会使他们因噎废食。

四、亲情唤回法

班主任们常常这样说：你这样做，对得起父母辛辛苦苦的养育之情吗？……

班主任们相信：面对家长的呵斥，孩子会害怕退缩；面对家长的眼泪，孩子会浪子回头……

【案例】让早恋悄悄过去

初春的午后，阳光分外温暖。连着两日阴雨天气，忽然见到这样美好的阳光，心中格外欢喜。我顺着楼梯走上了二楼。明和几个男孩子站在教室外边的走廊上，正在与教室内的晴嬉笑着。见我过来，闪到一边，问了一声“班主任好”。晴也通过敞开的窗户与我打了个招呼。看着这一幕，我的思绪不禁飘向了三个月前的那个午后。

那天正是学校秋季运动会的第一天，也像今天这般阳光灿烂，也是今天这个时刻，我也是这样走上楼梯，却看到了我不想看到的一幕：整个二楼空荡荡的宽阔的走廊上只有明和晴两个人，他们背对着教室门，明从后面拥着晴的腰。见到我上来，晴立马拨开明的手，飞快地跑回了教室，而明则不好意思地装作若无其事的样子。明是团支部书记，晴是宣传委员，两个人竟然这样。一股无名之火涌上心头。我决定先找明，再找晴。我一言不发，示意明跟我走。我好好地教育了一下明，伶牙俐齿的他这时却一声不吭。

随后我折回到办公室，坐下来静静地思考了一下，拿起手机，分别给明和晴的父亲打了一个电话。

明的母亲下午三点多就过来了。她一见到我，就直截了当地说：“孩子爸上班来不了，是不是明给老师添麻烦了？”

我平和地说：“也不是什么大事，明像是有早恋的迹象，希望您在他回家的时候，旁敲侧击一下。”

明的母亲很吃惊，说：“难怪最近回家总是心神不安的。”接着又笑了，很不好意思地说：“初三的时候也发生过这样的事，也是班主任发现后叫我到学校的。”

自然，这些并不是我想关注的，我关注的是眼下的事应该怎么解决。我主张要从一件平常的小事迂回引入，然后再谈早恋不好的问题，不针对个人的问题来谈。明的母亲表示赞同。

明的母亲走的时候，我一再强调：“您不要见明，就这样悄悄地回家。”但还是让明知道了。明问我：“老师，是不是我妈来了？”“没有啊，哪有你的妈妈！”我忐忑不安。

第二天晚上，晴的父亲来学校，顺便给晴送被子。他就像是有预感一样说：“我就知道是这事。平常在家里，我一再对她说，不要早恋，早恋对自己不好，尤其是女孩子，最终吃亏的都是自己。”显然，晴发生这样的情况也不是第一次。我只好把对明母亲说的话，也对他说了一遍。

第三天的一个课间，明递给我一张纸条。“您看看就知道了。”明的眼神中透露着深沉。

纸条上面写着：“班主任，谢谢您，原因您是知道的。一句话，让我明白了许多，我不太会说话，只能这样跟您讲。我们现在的确太小，一切都是假象，您讲的我都懂。那天，我妈回去跟我讲了许多，我也想了很久，我绝不能让我妈失望，我也不会让您失望。但是，我希望您能给我一段时间，一段时间之后，您看到的将是另一个我，一个要做龙的我。”

这天，正是学校秋季运动会的最后一天。我注意到，从明递给我纸条之后，没有运动项目的明和晴一直站在运动场上。男子 4×400 米接力，明代替身体不舒服的同学跑了第一棒。女子 4×400 米接力，一个队员脚受伤了，晴顶了上去。这天下午下起了绵绵秋雨，又冷又湿，晴跑下来后一身泥水，明与另一个男生扶她进了教室。

十天过去了，又一个十天过去了，又一个漫长的十天过去了，我一直没有放弃对明和晴的观察。我要看看明在纸条上的承诺是否能够兑现。庆幸的是，这么多天来，我一直不曾看到明和晴单独相处。

在这个温晴的午后，我欣喜地看到明和晴直面对话了，没有拘谨和羞涩，而是纯洁和自然。

（安徽省肥西中学　张治平）

【评析】

请不请家长，请家长有没有效果，要看以下三项工作做得如何。

第一，要了解学生交往的程度。案例中，一次偶遇让老师发现了明与晴的不当行为，老师愤然叫走明，面对明的沉默，转而选择联系家长，这样做有些冲动。明与晴的身体接触究竟是什么性质的，老师并不清楚。事后，明递给老师纸条时，深沉的眼神和可以多解的话语使那份沉默显得意味深长。早恋是悄悄地成为过去时，还是悄悄通行过去了，需要老师进一步深入了解。

第二，要充分了解家长的教育能力、亲子关系，否则就容易激发矛盾。用亲情唤回学生，前提是教师能确认学生亲子关系良好，有足够的情感支持系统，心理足够强大。从文中看，老师对此并不清楚。所幸，家长比老师更了解孩子。

第三，请家长来干什么？是帮助学生渡过难关，还是只要拆散学生就行？显然应以分析学生的问题，帮助学生成长为要旨。案例中，家长反映明曾经发生过类似事件，但“这些并不是我想关注的，我关注的是眼下的事应该怎么解决”。晴的家长反映晴也非第一次，并考虑到可能会有的不当行为会对孩子造成伤害，而我“只好把对明母亲说的话，也对他说了一遍”。无论是在帮助学生成长上，还是在对早恋后果的管控上，老师都大意了。

只有在知己知彼的情况下决定请不请家长，家校才可能形成合力、助力。

五、多方施压法

班主任们常常这样做——

各种道理齐上阵：青苹果说，劝其等待；般配说，先“优秀”自己……

各方压力齐施予：上报学校，告知家长，班会讨论……

各种方式表关心：指导学习，假意淡化，闲聊亲近……

班主任们相信：只要我们多管齐下，孩子有一天会走出这片梦中的伊甸园……

【案例】小薇，小薇

处于青春期的学生总看不透青苹果的青涩。小薇就是其中一个。

九年级男生的暧昧

第一次了解小薇（七年级刚开学不久），居然是因为九年级的一个男生，还有她父母“截获”的几则“暧昧”短信。我虽然吃惊，却没十分在意，一边劝导小薇，一边安慰家长：青春期，这是正常的，相信孩子一定能接受父母的劝诫。而且事件的起因在于那位九年级男生，我们可以让小薇和他讲清楚。

谈话之后，小薇也算得上干脆，不再搭理那个九年级男生，有几次主动向我反映那个男生又来找她。我建议是不是由老师出面和那个男生谈一谈，把麻烦解决掉。小薇犹豫片刻，决定自己处理。一个星期后，我再问起小薇，她信誓旦旦地向我保证：“你放心，我和他已经没有任何关系了。”

再闻牵手事件

“小薇和陶陶谈恋爱了！他们在班上牵手了。”没想到一学期之后，同学“检举”的问题再次拽紧我的神经。又是小薇！

小薇让我震惊和忧心。陶陶既害羞又惭愧，满脸涨红，极力辩解：“小薇在 QQ 上，说她喜欢我……我就没答应……这两天，班上其他同学……老是开玩笑，那天……他们把我们推到一起……小薇就上来拉我的手……我不想的……”

我从理想到学习现状，从感恩到责任到班级荣誉，一连串的道理直说得陶陶泪流满面。第二天，陶陶各方面的表现已经一如往常。陶陶的半推半就是迫于同学杜撰出来的“谣言”和“绯闻”的压力，所以我并不十分担心。我知道真正棘手的是小薇和这件事的影响，我不能无动于衷了。

暗施压力

小薇在办公室站了有一会儿了，我除了紧锁眉头，并没有和她正面交锋。随着一声悠长的叹息，我从桌角抽出学生档案册，哗啦地翻着，停留在小薇那一页，我拨打了几个电话号码（故意没接通）。小薇紧张地凑上来：“你打电话给我妈?”

我没有回答，而是拿出学校的规定，明确地告诉小薇，她的行为按照学校规定是要受到处分的……几分钟的停顿后，我在网上百度出于国祥老师多年前写的一篇关于爱的散文，下载打印递给小薇。

小薇看完后我并没有追问她的感受，只是说：“其实，捧在我们手心的不是一颗金苹果，而是一颗青苹果，也许老师的话不能打动你的心扉，那么我让你听一听你的朋友、同学们的意见。”

即时班会

我将文章拷下来，带到班上，投影在屏幕上，请小薇给大家朗读。

小薇读完后我做了总结，并要求学生就什么样儿的异性吸引自己坦诚相见，畅所欲言。学生们你一言我一语，描绘着心仪的对象……

我问：“你们给心仪的对象这么高的标准，自己如果不努力，配得上人家吗？为了自己未来的幸福，现在该做些什么呢？”效果不言而喻。总结时，我引用了一位教育家的名言：“只有你是一个明智的人，你才是幸福的。”

在整节班会课上，除了开场的朗读，小薇一直沉默着。

下午放学后我找了个借口留下小薇，告诉她：“那会儿我是在给学校德育处打电话，没打通，这件事按理要向学校汇报。”“老师，我错了……”小薇支吾着。

联系家长

我希望和小薇的妈妈见见面，以便更多地了解小薇。

当着小薇的面，我首先向小薇妈妈表明自己的态度：目前的情况，是处在青春期的孩子很平常的一种现象，但凡事总有正反两面，不能因为它影响到孩子的学习和生活。

送走小薇，我又叮嘱小薇的妈妈。一方面现在有些食物中含有性激素，容易造成青少年生理早熟，希望家长能在这方面稍加注意。其次，学生在学习、生活中遭受挫折时，往往会找异性交往，以谋求补偿。而且，这类早恋融入了真实的感情，容易发展深化。平时在家，希望家长能和孩子有更多情感交流，多鼓励和表扬孩子。

在近两个小时的长谈中，小薇的妈妈没有表现出强烈的情绪波动，只是有些许埋怨和惋惜。面对我的询问，她总是一遍遍回应：“是啊，以前这个孩子很内向的，和别人讲一句话都会脸红，现在不知道怎么了。”我忽然觉得小薇的问题恐怕并非我想象的那样简单。

静静关注

之后很长一段时间里，小薇似乎平静了很多，但她时常在课堂上发呆。初二下学期，小薇的成绩直线下降。

在一筹莫展时，我开始向身边的老师请教，在网上求助。这期间除了正常的学业、生活指导之外，我和小薇从未谈及过情感话题。我记得一位老师曾经这样说过，教育需要等待机会……

倾心交谈

学期结束时，我带学生去博物馆参观，顺便请他们吃饭。吃过饭，几个孩子要求我在餐厅等他们一会儿，我便笑着说：“一个人有些孤单啊，你们能不能留一个人在这边陪陪我？”小薇主动要求留下，闲聊之间，我不经意地提到陶陶，小薇面露愧色，轻蹙眉头，略显尴尬。

为了缓和气氛，我说：“前不久在网上看到一个故事。大意是一个又饥又渴的旅人在山洞里歇息，意外发现洞里有个宝藏，带走它，自己已经疲惫不堪，没有这份能力了；放弃它，又觉得太可惜了。怎么办呢？最后，他想了一个办法——先把它埋藏起来，并做好标记，等到将来有能力时，再把它挖出来。”

小薇听后若有所思。

“将宝藏埋藏起来，在故事中是个两全其美的、明智的办法。我的一位朋友高三时曾经有过和你一样的困惑，结果那一年高考，他落榜了……”

小薇点头说道：“老师，我知道了。”“开学就初三了，加油啊！我相信凭你的实力，完全可以考进最好的高中。”小薇笑着说：“老师，我会努力的。”

一年后，小薇没能考进最好的高中，而和陶陶一起考进了另外一所高中。对于他们来说，这是故事延续的又一个起点，还是人生交点之后的渐行渐远，我不知道。他们未来的路究竟怎样去走，我也不知道。

（江苏省南京市百家湖中学　陈小锋）

【评析】

为了帮助小薇，老师可谓多方施力。

从九年级男生，到同班同学陶陶，从自己解决和九年级男生的问题，到大胆承认对陶陶的喜爱，小薇为什么始终处于情感的旋涡中？从前一直很内向的小薇为什么突然行为大胆？小薇的妈妈为什么没有表现出十分讶异？陶陶泪流满面之后，如何与小薇相处？同学为什么一边起哄，一边举报？小薇的事情放在班会上教育是否合适？校规、家长、当众朗读是唤醒还是压力？

我们常常把重心放在早恋问题上。看到早恋的学生，第一想法且唯一的想法是如何排除早恋问题，而不是关注早恋可能会给学生带来的种种困扰、困境，思考如何帮助学生，以及学生需要我们给予什么样的帮助。所以，用尽诸法，有无效果，有无反作用，只能望天收了。

王晓春老师这样说过：“在早恋问题上，教师不是警察，学生也不是小偷儿，师生应该是合作者，共同面对早恋的问题，把它处理好。”

第三节　更好的应对之策

一、分清类型，有的放矢

尽管深陷恋情的学生所遭遇的困境、所出现的问题各不相同，但班主任必须坚持这样的帮辅原则：先分析原因，再寻找对策。在探索中反思，在反思中学习，在学习中实践，在帮助学生成长的同时，教师的专业能力也会逐渐提升。

（一）早恋的四种类型

从情感方面看，早恋有情感强烈的，也有情感薄弱的。这里说的情感，指的是正面含义，即真心地爱对方。而从行为方面看，早恋有行为强烈的，也有行为不明显的。强烈的行为指很外露的早恋行为，甚至出格行为。这两个维度组合起来，我们可以把早恋分成以下四种类型。

第一类，情感强烈，行为也强烈。我们称之为“热恋”。

第二类，情感强烈，行为不强烈，甚至隐蔽。我们称之为“暗恋”。

第三类，行为强烈，情感不强烈。我们称之为“乱恋”。

第四类，行为不强烈，情感也不强烈，可以称之为“微恋”甚至“不恋”。

就管理来说，外部行为比内部情感重要；就教育来说，内部情感比外部行为重要。

教育者在对早恋的学生进行分类指导或个案诊疗的时候，显然应该首先注意第一类和第三类学生，这是管理的当务之急。第一类学生有可能出现出走、怀孕甚至殉情自杀等情况，而第三类学生有可能出现招摇过市破坏纪律、扰乱班风校纪、打架斗殴等状况。

一般说来，对第一类学生工作稍微好做一点儿，关键是家长和教师不要蔑视他们的感情，最好表示理解（理解不等于支持），也不可幻想把他们一刀两断，不要犯那种棒打鸳鸯的低级错误。那怎么办呢？较好的办法是和他们讨价还价，要求他们在公开场合注意举止，不要给集体造成不良影响，同时给他们一些接触的机会，采取降温而不隔离的政策。有可能过一段时间两人就因为性格不合而互相疏远了，梦醒了，这种情况为多。能够一直好下去后来终成眷属的很少，那也没有什么不好。我的经验是，这时候最怕家长死心眼儿，一心要立刻把二人分开，那是非常危险的，教师要竭力给家长做工作，讲明利害关系。给真情泼冷水，是最愚蠢的，即使这种真情是梦境，也只能等他们自己醒来。

第三类早恋是比较粗鄙的，当事人素质差，多数品德有问题，也有的有心理疾病。他们早恋的目的，有的是没事干寻求刺激，有的是缓解性紧张，有的是满足占有欲，有的是要做"老大"（寨主总要有个"压寨夫人"），有的是寻求心理寄托。这类早恋的主要特点是忠诚度很差，没有多少真感情，朝三暮四，属于人生观、价值观和恋爱观有毛病。我的经验是，如果这种孩子是初中生，要改变已经比较困难了；要是高中生，希望就不大了。所以我主张对这类学生不要讲很多道理，没有用的。那怎么办呢？主要是控制他们的出格举动，在外部做文章。规劝不容易起作用，就"谈判"，可以在其他方面（如作业、课堂纪律等）做点儿让步，以换取他们的行为收敛一点儿，不行就给予惩罚。如果家长尚未失控，可以适当借助家长的力量；若家长已经失控，那反而应该少找家长。万不得已（对班级影响太坏）时，可以让其停课或者劝其转学、退学，当然这应该是针对极少数人。

第二类早恋（暗恋）是比较可爱的，教师原则上不必过问，但若发现当事人很焦虑，那就要找他谈谈，疏导一下。一般来说，给他一些与异性正常交往的机会，能够缓解这种焦虑。

第四类当然是最省心的了，其中有些孩子没长大，纯天然，啥都不知道，就更可爱了。但若发现有的孩子完全拒斥异性，那也是个问题，弄不好长大后连恋爱都不会，教师应该创造机会让他们学会与异性交往。别忘了，给未来的恋爱做正当的前期准备，也是教师义不容辞的任务之一。

这四种类型每一类还可以分成若干小类，而且真实的早恋往往不会如此典型，很可能是混合型的。但是这种分类可以提供一个研究的思路，给人一些启发。

有人会问：行为是否强烈容易辨别，情感是否强烈怎么看得出呢？学生究竟是个什么样的孩子，教师只能估计，你无法预知他们会干出什么事来，安排人监视又不妥当。我想，对策可以这样：估计有危险的时候，可以找其他借口把二人分开或者让他们无法单独在一起。比如陪上厕所，就可以告诉他，这样不大合适，你若不放心，我可以安排另一个女生陪她去。总之，在校内，凡是教师能够照顾到的地方，都可以委婉地设置一些“障碍”给他们。至于在校外，那就管不了了，出了事情，学校也没有多大责任，学校的责任是有边界的。事先告诉学生“好自为之”就是了。

我想，学生毕竟是孩子，他们伪装的本领尚未“登堂入室”，分辨起来应该不算困难，只要教师多留心观察，多向其同学打听，多思考就行了。实在不成，还可以和同事、网友讨论嘛。

什么样的早恋可以默认，什么样的早恋不可以呢？

我以为，学生早恋如果有以下几个特点，基本可以不管。

①双方都没什么品德问题，都是正经孩子，没有“邪气”。

②双方自愿。

③在公开场合没有刺眼的外部行为（过分亲昵、打情骂俏、拥抱接吻）。

④双方家长不知情，或者虽知情但并无哪一方反对。

⑤周围同学没有反感。

请注意，我在这里仍然没提学习成绩，我认为早恋影响一些成绩是难免的，不能认为成绩下降的早恋就是坏的。

还有一点要注意，我这里说的是高中生，他们的心智和行为能力相对成熟一些。初中生早恋，就不要轻易采取默认态度，至于小学生早恋，一般都要干预。

我们不要幻想早恋有万应灵药，某个药方能解决几个学生的问题，就很不错了。为了应对早恋，教师手里必须有多种药方，而且你还得能诊断，知道什么类型的早恋开什么方子比较合适。引导不是那么简单的，也不是绝对有效的，除了引导之外，对于某些无法忍受的外部行为，还要有管控和适当的惩罚。把早恋对策简单化是不可取的，非碰钉子不可。

以上意见，供参考。

（北京教育科学研究院基础教育研究所　王晓春）

二、控制行为，减少影响

【案例】亲密距离

小平，16 岁，独子，父亲是乡镇党委副书记，母亲是一名清洁工。

小妮，15 岁，独生女，父亲是一家建材公司的董事长，母亲是一名工人。

班里同学反映两人关系密切，课余在教室总是凑在一起，有时手拉手。

一天下晚自习后，教室里留有十多名学生，我发现两人同坐在一张椅子上有说有笑，我意识到了事情的严重性。

次日，我把小妮请到办公室，让其坐在距我所坐的椅子仅有 30 厘米的椅子上，她没有坐。我问：“为什么不坐?”她说：“老师，你是男的，我是女的，这么近的距离，怎么坐?”我说：“在心理学上有一个非常有趣的现象：当一个和你不太熟悉的人渐渐地向你靠拢的时候，你会感觉到压力非常大。同样，你渐渐靠拢一个和你不太熟悉的人时，对方也会突然后退几步。这个现象就是个人的安全领空——心理安全距离被侵犯的结果。你很懂得保护自己。”她惊讶地看着我，然后在我桌子对面的椅子上坐下。

我接着说：“那你有没有和其他男性这么近距离地坐过?”她不说话，我提示道：“比如在教室里和男同学有没有过?”她低着头，沉默不语，五六分钟后，她低声说：“老师，昨晚的事，你是不是看到了？”我看着她，点点头：“其实，心理安全距离可以分为两个不同程度的距离段。比如：身体体表以皮肤为起点至人的一个中指长度左右的这段距离可以称为亲密距离。在这段距离上接触的人大多都是夫妻、情人、亲密无间的朋友、亲人。另一个距离段就是以亲密距离为起点，再向外延长1.3米左右的距离，总长度大约1.5米的个人空间，可以称为人际交往距离。在这个范围外谈话、交流会比较舒服，熟悉的朋友之间的交往就是在这个距离外。”

她看着我认真地听着。我问：“你认为昨晚你们的距离属于哪一种？”她不好意思地说：“亲密距离。”我接着说：“那你认为你们之间是什么情感关系？”她抬起头说：“老师，我们是在谈恋爱，你想怎么处理就怎么处理吧。”

我说：“你们不是在谈恋爱，充其量只是男女同学交往过密。”她疑惑地看着我。我继续说：“我认为，两个没有任何血缘关系的人谈恋爱，从陌生到熟悉需要比较长的时间去交流、了解，进而相识，在此基础上达到相知。在进一步交往中了解各自的优点并产生仰慕之情，最后发展到相恋、相爱。这是一个漫长的旅途。你说你们两个在谈恋爱，你们相互了解吗？”她沉默不语。“我们做一个心理测试，看一下你们是否了解，怎么样？”她点点头。我拿出一支笔和一张白纸递给她：“你在十分钟内写下描写小平的优点与缺点的词各15个。”说完，我离开了办公室。

十分钟后，我回到办公室。“写好没有？”我问道。我拿过来一看，关于优点的词是幽默风趣、关心他人、勇敢、讲义气、学习成绩好、大方；关于缺点的词是小心眼儿、固执、容易发脾气、冲动、抽烟喝酒、顶撞老师、课堂上故意扯到一边。

看完后，我说：“只写了这么多？”“是啊，实在想不出了。”“那你认为自己对小平了解吗？”“还可以。”“那我们来具体分析一下你写出来的这些词……”

听着我一一分析后，小妮红着脸低下了头。我不再说话。四五分钟后，她抬起头说：“老师，你今天找我的目的是什么？”

"作为班主任，我的目的很明确——尽可能让你与小平的关系对你俩学习、生活的影响降到最低。"我的目光飞快地掠过她的脸，发现她略显失望。

"对于学生谈恋爱，我不提倡，也不反对。我的观点是：能恋是好事，说明这个人的心理、生理正常。但前提条件是要懂得什么是恋爱、要有条件去恋爱。"小妮眉毛一扬，我知道她在等待我的下文，便接着说，"之前我说过，爱情是人类最美好、最神圣的情感，美好和神圣的东西没有人忍心去破坏、去摧毁，我也不例外。但是，通过上面的测试以及近段时间的观察，我发现你们俩的关系已给你们和周围的同学带来不良影响。今天我找你来的目的就是要消除这些不良影响。"

我看着她继续说："你认为你们的行为给自己和他人带来不良影响了吗?"她低下头，沉思良久："老师，你想听真话还是假话?""你说呢?"我反问。她又低下头，我知道她的内心正在挣扎，便接着说："从进办公室到现在，我所说的每一句话都是真话，我当然也希望你说真话。"

一分钟、两分钟……大概五分钟后，她下定决心说："老师，说实在的，我觉得与小平的关系给一部分同学带来了影响。近段时间以来，课余我们经常在一起，这时，别的同学都有意避开。比如昨晚，小平坐到我的座位上后，我的同座，前后桌的李、刘、林、罗就起身走了。我知道影响他们了。"我静静地听着，小妮看了我一眼，我示意她继续说下去，她深深地呼出一口气说："这种关系对我本身的影响也是蛮大的。开学以来，我感觉自己一事无成，课堂上老是忍不住往小平的座位那儿瞄。下课后如果他不到我的座位这儿跟我聊天儿，我就有点儿失落。这时，我会竖起耳朵，听他是否在和别人说话。如果他在和女生说话，我心里会酸溜溜的，事后就会质问他谈话的内容。有时候被我逼急了，他就会生气，不理我，我就会更加不安。比如上周五课间操时，他与邻座的马讨论问题，头凑得很近。过后我问他，他不理我。一直到前天，我们才和好。"她的眼圈有点儿红，良久，她又接着说："出现这种情况时，我就特别烦，课听不进去，作业也不想做，回宿舍动不动就和室友闹矛盾。说真的，现在我觉得挺累的。"她叹了一口气。

“谢谢你的信任，听了你说的这些，可以看出你们的关系给自己和他人的正常学习、生活带来了一定的影响。那你打算怎么办?”

“老师，我现在挺矛盾的，平时在小说和影视剧里看到的是恋人的关系特好，感觉很甜蜜，但现在我觉得很痛苦。特别是三个月后就要中考了，我现在的学习一团糟，不知中考该怎么办，觉得特别对不起父母。老师，你说我该怎么办?”小妮求助地看着我。

我看着她说：“不错，开学以来，你的学习确实令人担心。我提供三个建议供你选择：①维持现状，②断绝关系，③继续发展。”

她睁大眼睛，疑惑地看着我说：“老师，这就是你的解决办法?”“对呀!”她痛苦地低下头。

“俗话说解铃还需系铃人，要解决这个问题，关键是你和小平，别人只能提供帮助，代替不了。”我沉声说，“不管选择哪一个，都是困难的、痛苦的。你思考一下吧，我到班里去看看。”

二十分钟后，我回到办公室，发现小妮伏在桌子上。听到我的脚步声，她抬起头，带着哭腔说：“老师，我不知道怎么选择，能不能帮我分析分析?”

我站在小妮的角度逐一分析了各个方案的利弊与可行性。五六分钟后小妮说：“要与小平断绝关系，不是我一个人说了算的，我觉得比较困难。”“那你认为会碰到哪些困难?”我问道。

“我说要断绝关系，小平不同意，怎么办?真断了，对他的伤害会很大，肯定会影响他的学习。我的成绩不怎么理想不要紧，但他的成绩好，如果因为这他的成绩落下来，我便成了千古罪人。”

听着她摆出的困难，我意识到她认真地思考过。“真是难得，你是个善于思考问题的女孩儿。你刚才说的困难都存在。但办法总比困难多，只要我们努力，困难是可以克服的。”她静静地听着，我接着说，“比如针对第一个困难，我会找小平交流，有必要的话我会通知他的父母，一起做好工作。对于第二个，我们可以一起努力，我相信我们会把对小平的不利影响降到最低限度。你觉得怎么样?”她点点头。

事后，我用同样的方式与小平进行了交流，并随时关注两人的动态，及时给予引导，经过十几天的调整，两人都能较好地处理这件事了。在中考中，小平获得总成绩A等的好成绩，小妮也获得总成绩B等。

（广西壮族自治区隆安县第三中学　曾坚成）

【评析】

曾老师着眼于行为控制与班级影响，把感情交给学生自己掂量，这一方法值得借鉴。

同学反映两人关系密切；老师目睹二人同坐一椅；当事人“大义凛然”，“老师，我们是在谈恋爱，你想怎么处理就怎么处理吧”……两个孩子交往的时间显然不短了。这也是早恋孩子最容易行为失当，出现问题的时期。

老师精心选择了一个切入点——交往距离。一者，警示女孩儿在与异性的交往中要注意保持空间距离，同时，为她自己提出问题和探究问题做了很好的开场。二者，将目标定位为消除两人之间的关系给他们自己和周围同学带来的不良影响——“你们俩的关系已给你们和周围的同学带来不良影响。今天我找你来的目的就是要消除这些不良影响”。公事公办，学生的阻抗要小很多。再以此带出对二人行为以及情感控制的要求。这个做法是智慧的，也是必要的。

【链接】外紧内松，外守内攻

依据对于早恋的态度，我们可以把家长、教师和有关专家分为“赞成派”（赞成早恋）和“反对派”（反对早恋）。当然，这种分法非常粗略，实际情况要复杂得多，不过这样讨论起来会比较方便，毕竟这两种相反的倾向确实存在。

据我看，赞成派和反对派之所以争论不休，有一个重要的原因，那就是双方的关注点不同。你会发现赞成派总是注重早恋者的内心情感，而反对派则更关注早恋者的外部行为。如果一个人侧重关注早恋者的内心情感，他就很容易为早恋辩护，因为早恋确实是人正常的心理需要，爱也确实是孩子的正当权利。沿着这条思路，人们就很容易得出结论——他人不能干涉孩子的情感，只能引导。反对派则不同，他们侧重注意早恋者的行为。有些早恋者的行为是很刺眼的，比如写情书啊，拥抱、接吻啊，甚至发生性行为啊，怀孕、流产啊。学校是一个有组织的单位，学生需要有行为规范，违反这些行为规范会不会影响班风校纪，要不要管？作为一线教师，这是躲不开的，光有“宏大叙事”不行，你得有具体的回应措施。沿着这条思路，人们就容易对早恋采取防范和限制的态度。赞成派认为学校无权限制学生早恋，反对派则认为那样放任下去后果会很坏，多数家长是支持反对派的。

我以为，争论双方的说辞都有合理的成分，但也都犯了错误，错就错在把自己关注的重点部分扩大成全部了。赞成派对早恋的辩护，在情感方面是很有道理的，但若强行推广到行为方面，那肯定会成为放纵。小孩子不知深浅，会出很多状况（无心向学、滥交、少年爸爸、少年妈妈），这会激起家长和社会的激烈反应。反对派主张限制学生早恋的行为，也是很有道理的，学校不是爱情大卖场或者婚姻介绍所，学生在校园里放肆地拥抱接吻、求爱示爱是不能允许的。这种事情光靠“引导”不行，必须有规范条文，有纪律，而且要执行纪律，无论多么纯洁、高尚的爱情，都必须在法律和纪律的框架内进行，否则就很难说它纯洁、高尚了。

综合以上两个方面，我认为学校应对学生早恋的基本方针应该是外紧内松、外守内攻。“外紧”，说的是学校对于学生的外部行为，要管得紧一些，比如不准当众拥抱接吻、不准性骚扰，等等。如有违反，我不说你早恋晚恋，只说你违反学生行为规范，然后批评教育以执行纪律，你也甭跟我说什么爱之类，我只管外部行为。“内松”说的是对于学生的内部情感，教师不要干预，他爱喜欢谁喜欢谁，爱怎么想怎么想，不干涉，不给扣早恋的帽子。例如，学生在作文中、日记里、言谈中流露出一些早恋倾向，教师不要大惊小怪，也不要忙着做“思想工作”，让他自己慢慢成长就是了。最近有一位教师网友说她发现儿子（初一）口袋里有一张皱皱巴巴的纸，上面写了一些不堪入目的话，问我怎么办。我就告诉他，静观，不要干涉，同时增加他与女孩儿的正常接触。这很可能是这个孩子成长过程中的一个好奇的阶段，家长不大惊小怪，他反而可能平静度过。但是，如果发现这个孩子与特定女孩儿单独在一起，且有过火举动，那就要干涉了。要适当把他们分开，否则女孩儿真的怀孕了，其家长有可能会来兴师问罪，到时候唱高调也无济于事。

再说外守内攻。所谓“外守”，指的是在外部行为方面，教师、家长应取守势，防守，防止孩子出现过火行为就行了，消极一点儿，不必总是如临大敌的样子。“内攻”指的是情感教育、恋爱观教育、爱情美育、友谊观教育和性教育。这方面，不能等待，不能防守，而要积极进攻。比如，关于性骚扰的教育，要争取赶在班级尚未发生性骚扰事件的时候进行。就是说，我们要以积极、主动的心灵教育预防学生外部的不良行为，而只要班里没有明显的早恋方面的刺眼的外部不良行为，教师就不必管太多。比如，某学生成绩下降，经查确实是因为喜欢一个女孩儿，弄得五迷三道。但是，只要他们没有违规行为，教师就可以装不知道。非要找他谈话，也只要提醒他注意学习成绩下降就行了，不必往早恋方面暗示。因早恋而成绩下降，这是他自己应该承担的后果，也是一种生活体验。这种事情，除非孩子本人请求教师帮助，否则，教师不要太积极热心。“内攻”指的是面上的思想教育，不是对个别人的主动教诲。

“恋不恋，怎么恋，这是你自己的事情，你自己选择，自己承担责任。但是，你的外部行为不能超出学校的底线，否则我只好执行纪律。”

我认为这种办法对中学以上的学生比较适合，这么一来，学生就没有办法和老师对着干了，因为我本来就没站在你的对立面。于是校方与学生的对立情绪或可缓解。请注意，只能缓解，无法根本消除。处在不同地位的人想法不同（屁股决定脑袋）是永远无法改变的事实。另外，我认为打压也不是绝对错的，但只适用于外部行为，不适用于学生心中的想法。心里的想法，只能引导。如果学生外部行为出圈（比如在校园里公然拥抱接吻），那么不管你感情是否纯真，对不起，都要给予惩罚，性侵犯就更不用说了。只要你违纪了，就甭跟我说感情不感情，违纪就是违纪，就好像您在路上闯了红灯，跟我说什么是急着去做好事，我是不听的，公事公办。这就是我所说的“外紧内松”。

教师在“思想、心理”方面给早恋学生“不持立场”的感觉，而在外部行为方面采取“执行公务”的态度，我想这是比较合理、比较聪明的。这样，有些学生想占领早恋的情感制高点来为自己胡作非为做辩护就不成了；想把学校塑造成“压制学生美好感情的恶魔”来反对，也就困难了。

（北京教育科学研究院基础教育研究所　王晓春）

三、亡羊补牢，维稳为主

（一）任其宣泄，弄清事态

【案例】给每一株野草开花的时间

进入高中不久，筱君就遇到了感情的暗礁。她喜欢上了一个叫子轩的男孩儿。子轩是一个早已辍学的社会青年。因为跟他在一起，筱君经常缺课，无心向学。而且她遇人不淑，刚坠入“情网”的她，转瞬又饱尝“失恋”的酸楚。

我很心疼这个女孩子，我决定想办法帮助她走出感情的泥淖。

我是班主任兼语文老师，周记成了我倾听筱君心声的最好方式。在筱君的周记里，我给她写了这样一句话：“早恋，像一颗半熟的青杏，诱人的碧青下是又酸又涩的滋味；若一个熟透的黄连，可人的灿黄下是难言的奇苦；如一朵带刺的玫瑰，鲜艳的花朵让人情不自禁采撷，待发现尖利的花刺时，早已被刺得鲜血淋漓。你是个善良的女孩子，老师相信你一定会拥有一份属于自己的甜美爱情，但那份爱情应该在你更为成熟、更能把握自己的时候来到。"

筱君找我聊天儿，她说，对爱情和未来很迷茫，找不到出路，不知道该如何走下去。我跟她聊我的高中生活，把自己青葱岁月里的情感故事告诉了她，最后我说："这段情感给你留下的是美好的回忆还是痛苦的烙印，取决于你如何对待它。每个人的青春里都有一段弯路，谁也没法儿替谁走完，友情如此，爱情也一样。"

静静地听着我的诉说，筱君忧郁的脸庞绽放出笑靥，我看到了暖暖的希望。

这次谈话之后，我继续在她的周记里鼓励她："比起失败，我更害怕遗憾，与其指望每次失落的时候会有正能量出现来温暖你，不如指望你自己变成一个拥有正能量的人；与其担心未来，不如现在好好努力。"

就这样，我陪伴着筱君一起走过早恋的泥泞之路。

（广东省遂溪县第三中学　叶张养）

【评析】

对于失恋的学生，要做的不是给他讲大道理，而是表示理解，之后任他痛快发泄，将情绪宣泄出来，这样，他的心态就会好很多。在学生的情绪稳定之后，老师需要及时弄清事态发展，确定下一步工作的重心。

这个案例中，老师用青杏、黄连、玫瑰作比，用亲身经历帮助学生摆脱失恋的痛苦，但这还远远不够，工作尚需深入。

筱君与了轩交往已经非常密切了，"经常缺课，无心向学"；了轩是一位社会青年，二人的交往有没有跨越界限？是否应该联系家长？这些都是老师需要考虑的。

（二）理解接纳，助其回归

【案例】QQ 的“滴滴”声架起沟通的桥梁

两天过去了，她的位置上始终空无一人，究竟是怎么了？她去哪里了？打她的电话，永远是那个温柔的声音——“您拨打的电话已关机”。

家长告诉我，她最近情绪失落，对一切事情都抱着拒绝的态度，说想退学；该说的都说了，该讲的都讲了，就是没有找到问题所在，很是着急。我颓废地坐在办公桌前：哎，怎么办啊？

小 S 在我印象中是一个开朗、很漂亮、很爱打扮的女孩儿。很多男生都对她有很好的印象，也有过粉红色的信件被偷偷地塞到她的手中，但是都被她拒绝了。她平时很懂事，作为班干部也能认真完成自己的分内之事。然而，这样的学生怎么会突然之间不来上学？她对于上学会有怎样偏激的想法呢？

我点开她的 QQ 签名，惊呆了。

“爱我，你配吗？”

“爱”？什么意思？难道这个孩子早恋了？

我点开她的 QQ 空间，她置顶的空间日志，标题也是醒目的一行字：“爱我，你配吗？”

“天空没有翅膀的痕迹，但鸟儿已经飞过；心里没有被刀子割过，但疼痛却那么清晰……唯一的哥哥不理我了，唯一的情弦断了，我的爱回不来，我的心已碎，我的心已死，谁陪我……”

我在这篇日志的留言栏中写道：“生活的挫折我们可以共同面对，学习的困难有我陪你跨过，坚强善良的你怎么能在自己的生活中随意放弃？现在的你和原来的你是不是我心目中同一个完美女孩儿？不管遭遇什么困境，不管有多么黑暗，其实，往往要放弃的那一刻才是黎明前最后的考验，你说对吗？”

一次次留言，一次次表达关切，都没有回音。“难道你就这么一直消沉下去，连关心你的家人、老师，和咱们班级的同学，你都不要了吗？我们并没有伤害你，你就让我们所有人都为你担心吗？不觉得这样对我们太残酷了吗？”

“老师，对不起。”一句小小的红字打过来，她终于回复了。对她的“拯救行动”现在才刚刚开始！“在人生的紧要处，你一定要把握好，否则会一失足成千古恨。记住我的话，老师关心你，你与我的妹妹一般大，无论你遇到什么困难，我都会帮你，没有想不开的事情，没有过不去的河。我与全班同学等你，你一定要回来，等你！等你！”

小S说：“谢谢老师，我摆脱不了残酷的阴影，我也知道我辜负了你，辜负了所有关爱我的亲人，此刻的我是个无心的躯壳，找不到我的方向，找不到我的目标。我不可能回来了，走远了，爱伤了……”

她真是在感情方面受到挫折了，失恋了。

我说：“可以跟我谈谈吗？说实话，我看到你这个样子，心里很难过，你知道吗？我想帮你。”

小S说：“老师，谢谢你！我很痛苦，不想面对老师和同学。”

我说：“你知道吗？我一直不能相信你旷课的事实。每当上课同学们举手回答问题的时候，我总是希望你在；每当办公室门打开时，我总是希望是你回来了，可是每一次都很失望；周一是小L的生日，她告诉我她的愿望就是你能赶紧回到我们的家中……”

小S说：“我……”

“这样吧，我也不再说什么，”我看看时间，12点都过了，“你好好想想吧，我希望明天能看见你，如果你还是坚持你的想法的话，我尊重你的想法，但是你也应该来学校一趟啊！你自己好好想想吧！”没等她回话，我就关掉了QQ，我觉得时机已到。

第二天早上，我比往常都早到班级。我组织好学生，让每名学生都拿出手机。学生们不明就里地彼此对望。我说明想法后，大家都很激动，一条条温暖的信息给小S发出去了。

“小S，你还答应请我吃肯德基的，赶紧回来！”

“小S，你上学期还欠我1块钱，赶紧还来，要不涨利息！”

“小S，我是小L，我过生日你还没有送我礼物呢！礼物我不要了，你回来我就是最开心的！”

“小S，老师为你急得胃病都犯了，赶紧为老师去买药，臭丫头，回来我要用我们宿舍法侍候你，用鸡毛挠你手掌心。哈哈！”

…………

短信发出后，我让他们将手机关掉开始晨读，而我的心情却久久不能平静，7点19分，7点30分，7点40分……

7点47分，“报告！”小S气喘吁吁地站在班级门口，班里的读书声瞬间停止了，同学们一直看着那个熟悉得不能再熟悉的身影了。过了好久，尖叫声和掌声响起……

学生们唱起班歌《和你一样》：谁在最需要的时候轻轻拍着我肩膀，谁在最快乐的时候愿意和我分享……日子那么长，我在你身旁，见证你成长让我感到充满力量……

后来，她心情一天比一天好，学习专心了，各种活动中又有了她的身影。她回到了集体的怀抱，脸上写满了笑意。

（北京市昌平职业学校　王宝才）

【评析】

虽然老师后知后觉，但在发现学生是因为失恋而出走时，并没有一味地去讲道理，情感的问题用情感解决，老师用理解与接纳表达了自己对学生的喜欢、关切，同时，也调动全班学生，让失爱的学生感受到集体的关爱，继而使学生回归正常的校园生活。

（三）心理辅导，助其成长

【案例】词语联想，帮他走出失恋阴影

小马进入高三后因为早恋问题，成绩一落千丈，被请家长后一直沉默

不语，对所有老师特别是班主任产生了敌意，采取“非暴力不合作”态度，自暴自弃。

“小马，能告诉我最近成绩为什么下降了那么多吗？”我单刀直入。

“不知道！”小马冷冷地说了三个字，把我硬生生地挡了回来。我静静地看着他，保持沉默，我要制造一种较为紧张的气氛，引发他内心的焦虑不安，破除他最外层的心理防御——假装刚强。最终，他忍不住了，说：“老师，你要是没什么说的，我就回去了。”

“回去做什么呢？”

“做作业啊，今晚作业多。”

“今天可以不做作业。”

“啊？为什么？”

“因为做了也是白做！”我模仿他的语气，冷冷地说。又是一阵沉默。该我打破沉默了，我缓缓地说：“心在他处，做作业对你而言，不过是应付检查。”

“你怎么知道我没用心做？”

“好啊，能做一个简单的测试吗？证明给我看看。”我使用了激将法，请他入瓮。

“有什么不敢的！”

正中下怀，我选择了词语联想测试法。对中学生，每次测试给定 5 个“领词”，让学生在每个领词后面联想 19 个词。领词的属性越多样化越好，最好有自然界的，有社会的；有动态的，有静态的；有实词，有虚词；有外部动作，有心理活动。针对小马的情况，我选择了“天空”、“人”、“平静”、“可是”、“跑”。“天空”和“人”这两个领词的主要作用是让测试者在不断想象中进入词语联想的氛围里，逐步破除他较深层次的心理防御，写到表示转折的“可是”时，就能将内心深处的想法尽可能多地呈现出来。我规定了时间，不给他“深思熟虑”的机会。他果然在“可是”的引领下敞开了心扉。

“可是”的联想词有：没有、但是、初恋、五楼、阳台、生气、老了、家长、真的、换座位、很久、后怕、破罐子破摔、五年后、忘却、水杯、过去、后悔、泰坦尼克。

“咦，怎么？原来是初恋？又失恋了？”我故作惊讶状。

“嗯？您怎么知道？”小马的表情明显发生了变化，不再呆滞木讷，脸上竟然泛着红晕。

“你们在五楼阳台分的手！”

“啊？嗯。”我不用看都知道，此时小马是满脸的疑惑和不解。

“她是你同桌，结果被老师发现，还请了家长，你们就分手了。”

“您怎么全知道？是陈老师讲的？我就知道他会给所有老师讲。”

“别责备你的班主任，他只让我帮助你。我知道的这些都是你自己写的。不信你自己看‘可是’后面写的是什么。”我一边指给他看，一边解读道：“你失恋了，你无法控制自己了，想以破罐子破摔的方式引起女生的注意，显然你失败了。你的做法不仅没能挽回你的感情，还迫使你遭受了很多压力，自己也开始后怕了。五年后，能忘却吗？会后悔吗？你最后写了‘泰坦尼克’，这是一个象征，男主角杰克为了所爱的人牺牲了，你在牺牲什么呢？你在牺牲自己的未来。这样的牺牲能换取什么呢？你自己的未来都没有了，还能指望照顾好所爱的人吗？”说完，我让他在我的对面坐下，静静地看着他的眼睛，平等的对话需要从平等的坐姿开始。他的眼睛红红的，浸满泪水。等他长长地舒了一口气后，我问他：“我说得对吗？”“您说得非常对，您已经把我看穿了，我觉得我在您面前已经很透明了。我就是一个自甘堕落的人。”

“不！你不是。”我以坚定的眼神望着他说，“只是你用错了方法。你妄想用这种伤害自己的方式挽回感情，简直愚蠢至极。你如此堕落，想赢得别人同情吗？想以此证明自己多爱对方吗？一个身心健康的女生怎么可能选择将自己托付给一个懦弱、不思进取的男生？别说女生了，作为男生，你会选一个自暴自弃的女孩儿为妻吗？”

“我……”小马欲言又止。

“你的内心是矛盾的，你知道这样做不对，可是你又不知道该怎么做。”

在帮助他澄清心中的真实想法后，我缓缓地对他说：“你应该珍惜这次失恋。它对你异常宝贵。”

“嗯？为什么？”

“正因为这场初恋，你才会有冲突，从冲突到统一是一个人得以成长的动力。你初恋了，现在失恋了，但你不知道怎么办。你在用自己的方式寻找答案，虽然是错误的方式，但正是这样经历了错误，才引发了内心的不安。这种不安能引导你寻找真正的解决方法啊。寻找方法的过程就是成长的过程。”

“真的吗？”他疑惑地看着我，但表情中明显多了许多兴奋。

“现在能告诉我你们的故事吗？”

又是一次较长时间的等待，他咬了咬嘴唇，将他是如何与女生相识，又如何成为同桌的等一股脑儿都说出来了。我呢，一边安静地倾听，一边适时地通过质问的方式促使他对自己的内心进行追问和深入思考。就这样，小马积压在内心的各种情绪，得到了很好的梳理。他脸上原来倔强、冷漠的表情一扫而光，阳光般的笑容越来越多地出现在这张还有些稚嫩的脸上。

“老师，我感觉轻松多了。之前我有很多怨恨，恨她的狠心，恨班主任的干涉。还有很多不甘心，不甘心就这么分手。我现在才明白，是我承受不起失恋引发的挫败感，我讨厌失去的感觉。在您分析我写的词语时，我才意识到我的愚蠢，同时也明白了这场恋爱的意义。我心里的负担小了很多。谢谢您！”

“我也感谢你对我的信任，让我分享了你的故事。现在准备怎么做呢？”引导他敞开心扉，最终是为了回到当下。

“我想我得把这段时间的课补回来了，您能帮我吗？”“当然可以，需要我怎么做？”我开心地看着他。

“我想每天额外增加一点儿练习，能帮我找一点儿题吗？”“呵呵，这正是我的工作啊。”

“好，谢谢您。”现在站在我面前的，俨然是一名积极乐观、渴望成长的普通高中生了。“不过……”我故意顿了一顿，说，“回到教室，你会再次看到她，肯定还会难受，若需要帮助，第一是相信你自己，第二是可以来找我。走出一种情绪不是那么容易的，特别是回到熟悉的环境里，看到熟悉的人或事物的时候。但正是因为对情绪的反复体验，人的情感才会变得更为丰富，这也是我们成长的一部分。你明白我想说的意思吗？”

“嗯，我明白的，这就是经历，经历就是学习，要学会压制自己的情绪，保持理智。”

“不全对，不是压制自己的情绪，是学会管理自己的情绪。要学会和自己的情绪相处，充分感受是怎么引起的、带来了什么变化、这个变化自己是否能接受、不能的话你该怎么办。这是一个学习的过程。”

“嗯，明白了，从今天起，我要努力学习管理自己的情绪。”

“好，我们一起努力！”

不难看出，在这则案例中，词语联想成了我打开小马心扉的钥匙，让我帮助他既不沉溺在过去中，也不虚构未来，从破罐子破摔的此刻重新找回自己。同样地，这只是一个起点，一个良好的开端。要让小马从失恋的困境中成长起来，还需要引导或者陪伴他通过自己的努力建立更为强大的内心。

（四川省成都市石室中学　梁岗）

【评析】

问题学生的问题，绝不是单一的，早恋、学业不良、打架、网瘾常常相伴相生。面对陷入恋情的学生，教师绝不能以双方分手为帮辅的终极目标。借助专业的心理辅导技术，帮助学生建立正确的爱情观、人生观，引导学生强大自己、发展自己，才是我们最重要的目标。

应对深陷早恋的学生有以下几个要点。

①以平常心理解，以谨慎心重视。

②保密，无论其他学生是否知道，处理细节要保密。

③了解学生恋情发展的程度，第一要旨是控制亲密行为。

④告诉家长，若家长通达，可共商共议方案；若家长专制冲动，重在与之言明利害关系，以取得家长理性的支持和关注。

⑤如若已经有了性接触，通知女孩儿家长，及时进行体检。

⑥联系心理老师，进行心理评估及干预，防止意外事件发生。

⑦情感的问题还是要用情感来解决，建立良好的师生关系，共情陪伴，是所有举措有效的前提。

⑧防胜于治，疏胜于堵，将班级文化的建设、良好人际关系的引导作为建班之初的重中之重，这样，问题学生就可以从班级管理的词典中淡去。

（策划　王皓　班主任之友杂志社）

后 记

问题学生，确乎常常成为我们心情烦乱的根源，他们抵触学习，扰乱课堂，纪律松散，甚至旷课、逃学、沉迷于早恋，他们让我们焦躁、忧虑，生气上火，却又无可奈何，无计可施，影响班级秩序，影响我们的工作成效。

“没有教不好的学生，只有不会教的老师”，这句话在今天看来，对于学校教育而言，或许过于托大了，但其中饱含着的对学生成长的积极信念和对教育智慧及其作为的执着追求，却让教师这项工作有了特殊的意义。

这种意义首先体现在对学生成长的积极信念上。

人本主义心理学指出，人的本性具有自我完善、自我实现的需求及潜能。只要有合适的成长环境和正确的引导，问题学生暂时被遮蔽的美好天性依然会绽放、结果，他们也会拥有令人向往的未来。很多时候，对于问题学生而言，恰恰是那些在旁人看来不可理解、无可救药的行为背后蕴藏着实现生命价值、向往成功、渴望得到别人认同的巨大成长力量。

然而，不是每位教师都能感受到并理解这种成长力量。

调查表明，大多数不良行为在小学阶段便初现端倪，并在青春期前后达到巅峰。试想，当 个孩子最初出现问题行为时，教师不是简单批评、指责，甚至排斥、放弃，而是和他一起面对，探讨不良行为背后的因素，用教育智慧去发掘和激活他身上潜藏的积极“基因”，“问题”便很可能会消弭，他未来的路也许会走得平顺很多。

面对那些积习深重的问题学生，教师从心理上矫正他们的认识误区，帮助他们重建信心；从环境上为他们创造支持、接纳的氛围，创设让他们体验成功的机会和平台；从行为转化上帮他们设定合理的分阶段目标，将会对问题学生重回正轨、健康成长发挥重要作用。

这便是在面对问题学生时教育智慧的意义和教师应有的作为。

因此，本书在详细列出问题学生的种种类型，诸如学困、早恋、网瘾、纪律涣散的同时，更加重视教师对每一种类型问题学生进行转化所应采取的具体方法、分析、步骤，可能出现的问题及教育理论支撑。这些实践智慧，全部来自国内数十位优秀的一线班主任和名师，以及教育学、心理学方面的著名学者。

诚如李镇西老师所言：“一个问题学生成就一个教师。”这种成就，一是成就学生，成就一个孩子更光明的未来；一是成就教师，让教师在转化问题学生中获得教育智慧，收获教育幸福。

这本书是以《班主任之友》专刊《行动与成长：来自问题学生的挑战》为基础，补充新的案例和内容，重新编辑而成。因此，这本书能够出版，是许多朋友共同努力的结果。

感谢为专刊撰稿的优秀班主任和理论工作者，这本书不少地方闪耀着他们智慧的光芒。感谢专刊的总策划熊华生、汪媛老师，感谢专刊各板块的策划编辑——王皓、向凌云、胡瑾、陈雪娇、康红辉、向柏桦、黄严磊等老师，没有他们的劳动，就没有这本书；感谢蔡涛老师在编辑书稿过程中付出的劳动；感谢张万珠先生的创意——根据图书特点而做出重新编排。感谢中国人民大学出版社张菲娜等老师的艰苦劳动，使这本书能顺利出版。

庄传超

2014 年 12 月

责任编辑　杨　霞
装帧设计　许　扬
责任印制　梁燕青

图书在版编目（CIP）数据

感谢那些“折磨”我的学生：教师如何应对问题学生／庄传超主编.
—北京：中国人民大学出版社，2014.12
（班主任之友丛书／陈秋中主编）
ISBN 978-7-300-20536-6

Ⅰ.①感…　Ⅱ.①庄…　Ⅲ.①班主任工作—研究
Ⅳ.①G451.6

中国版本图书馆 CIP 数据核字（2015）第 000327 号

感谢那些“折磨”我的学生——教师如何应对问题学生
主　编　庄传超
副主编　蔡　涛
Ganxie Naxie “Zhemo” Wo de Xuesheng——Jiaoshi Ruhe Yingdui Wenti Xuesheng

出版发行	中国人民大学出版社		
社　址	北京中关村大街 31 号	邮政编码	100080
电　话	010－62511242（总编室）		010－62511770（质管部）
	010－82501766（邮购部）		010－62514148（门市部）
	010－62515195（发行公司）		010－62515275（盗版举报）
网　址	http://www.crup.com.cn		
经　销	新华书店		
印　刷	北京华宇信诺印刷有限公司		
开　本	720 mm × 1000 mm　1/16	版　次	2015 年 1 月第 1 版
印　张	15.5　插页 1	印　次	2024 年 10 月第 18 次印刷
字　数	220 000	定　价	49.80 元